DETECTIVES

EN LA

HISTORIA

VIOLAINE VANOYEKE

EL SECRETO DEL FARAÓN

La muerte acecha
en las calles de Alejandría

Traducción de
Manuel Serrat Crespo

CÍRCULO DE LECTORES

A Philippe

Mapa del Mediterráneo

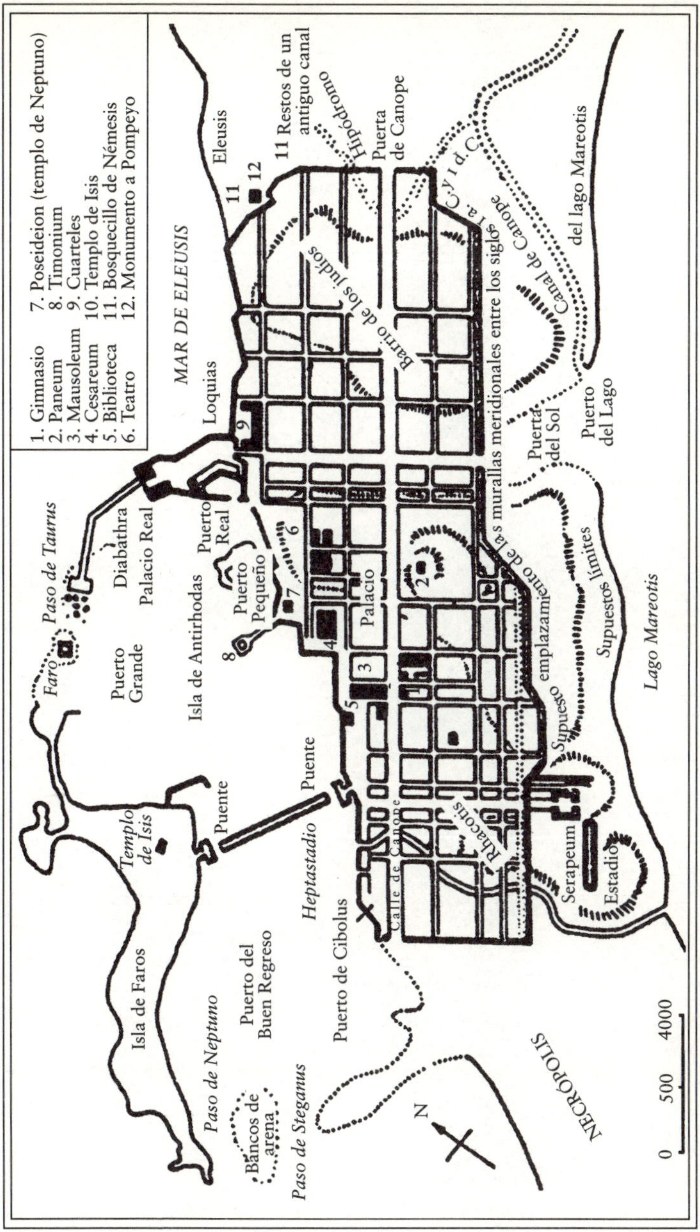

Alejandría en el período entre los siglos I a. C. y I d. C.

I

Alexandros besó a su tío con cariño. Aunque le entristecía sumamente abandonarlo, su partida se había hecho necesaria.

El anciano, que a sus sesenta y siete años conservaba una perfecta lucidez y cuyo juicio era respetado en la pequeña población macedonia de Philippi, movió dubitativamente la cabeza mientras observaba a su sobrino con unos ojos tan azules como el agua del mar Egeo.

–Cuánto has crecido, muchacho –le dijo–, y eso me da miedo. He rezado a los dioses durante más de quince años para que, algún día, no condujeran tus pasos a Alejandría. He sacrificado bueyes y ovejas en su honor, ¡y hete aquí, hoy, atraído por esa ciudad maldita!

–Tío, quiero proseguir las investigaciones sobre la historia de mi país.

–Bien lo sé y te creo sincero, pero también me ocultas muchas cosas...

El joven bajó los ojos ante la inquisidora mirada de su tío.

–Reconozco que Philippi no es el lugar más apropiado para este tipo de investigaciones, pero podrías ir a Atenas... ¿Por qué has elegido Alejandría?

–Porque la biblioteca de Alejandría contiene documentos sobre Alejandro y sus generales. El faraón ha aceptado poner un escriba y un archivero a mi disposición por algunos días para que me ayuden en mi tarea.

Kruptos se apoyó en su bastón para levantarse. Era de poca estatura y caminaba encorvado.

–Te conozco, Alexandros. He cuidado de ti desde que tenías cuatro años, no lo olvides, e intuyo que me ocultas algo... También presiento una gran desgracia.

Alexandros creyó oportuno tranquilizarlo.

–Ahora soy ya un hombre. He crecido y soy fuerte. He participado con éxito en numerosas competiciones deportivas y he superado todas las pruebas...

–Pues eso es precisamente lo que me preocupa. Te sientes fuerte y corres el riesgo de enfrentarte a los mayores peligros porque te crees más robusto de lo que eres.

La pequeña casa blanca de Kruptos estaba en las afueras de la población. La rodeaba un huerto donde crecían legumbres y dos olivos de tronco nudoso.

Kruptos abandonó la terraza sombreada por una parra por la que trepaban plantas aromáticas y entró en el comedor.

–Ven –le dijo a su sobrino–. Acompáñame.

Convencido de que su tío seguiría intentando disuadirlo, Alexandros lanzó un suspiro antes de obedecer. Lo siguió hasta la alcoba del anciano. Kruptos levantó la tela que cubría la ventana e impedía que los rayos de sol entraran en la estancia; luego, extrajo torpemente de debajo de su yacija un cofrecillo y lo abrió.

–Eres tan testarudo como tu padre, en paz descanse. No intentaré pues impedir que te marches. Embarcarías por la noche y acabarías corriendo mayores peligros. Prefiero que te vayas en las mejores condiciones, con una tripulación responsable que conozca el mar y te lleve a buen puerto en un rápido bajel. Tus padres vivían en la abundancia cuando murieron. Vendí algunos de sus bienes y obtuve un buen precio. Siempre he considerado que ese dinero te correspondía, de modo que no lo gasté, ni siquiera para pagar tus estudios o para tu manutención.

Como Alexandros se disponía a protestar, Kruptos lo interrumpió con un gesto.

–He vivido siempre feliz. No nos ha faltado nada, no era necesario tocar este dinero. Hoy te lo entrego. Haz buen uso de él.

Alexandros miró estupefacto el cofre.

–Pero tío, ¡eso supone una fortuna! Habrías podido comprarte una propiedad, un barco nuevo, emplear esclavos... Quiero que te lo quedes en agradecimiento por el afecto que siempre me has demostrado.

–¡Ni hablar! Sólo te pido que utilices esta herencia con sensatez, que actúes dignamente y pienses en tu padre y en mí.

Alexandros lo besó. El joven era alto para ser macedonio. Sus cabellos, castaños y rizados, enmarcaban un rostro redondo de ojos sorprendentemente claros. Su aspecto de atleta le había permitido ser seleccionado, a los dieciocho años, para competiciones atléticas en las que participaban campeones del mundo entero.

–Deja que te ofrezca, al menos, una embarcación nueva –insistió Alexandros.

Kruptos agachó la cabeza.

–¿A mi edad? ¡Pero si ni siquiera vivimos a orillas del mar!

–¡Pero tú sales de pesca en tu vieja barcaza! Las pocas millas que separan el pueblo del mar no son ningún impedimento. Vamos, mañana mismo iremos a comprar un barco digno de ese nombre. No faltan por aquí, con todos nuestros bosques y los excelentes carpinteros que trabajan en esta ciudad. ¡Elegiremos el mejor!

Kruptos se dejó tentar. Cuando ambos hombres volvieron a salir a la terraza, una suave brisa llevaba el dulce aroma del jazmín.

–Ésta es la hora que prefiero –comentó Alexandros–. Se está bien aquí, a tu lado.

Acarició un cabrito rojizo que intentaba mamar de su madre y avanzó por el camino que llevaba a la plaza pública, en el centro del pueblo. Desde donde estaba distinguía el teatro construido en la ladera de la colina y el pequeño sendero que llevaba a él a través de piedras y abrojos. Cerca estaban los baños públicos.

Detrás de la plaza rodeada de tiendas y edificios oficiales

se alzaba el gimnasio que tanto había frecuentado. Luego, el camino bordeado de malvarrosas seguía bajando hasta el mar, en el que casi se alcanzaba a vislumbrar, muy próxima, la ribera asiática.

Alexandros había viajado mucho ya. Conocía el Peloponeso y el Ática, pero nunca había visitado Egipto, a pesar de que había nacido allí durante la estación de *shemu*[1] del año 291. Sabía que se marchaba por mucho tiempo. Tal vez ni siquiera volvería a ver a Kruptos, y esa perspectiva le apenaba, pero parecía que el destino decidiese por él.

Alexandros ignoraba todavía cómo prescindiría de su perro, de las siestas a la sombra del emparrado, de sus debates matinales en la plaza pública con sus amigos de siempre, de los sabios consejos de su tío, el patriarca de la población, de sus salidas a pescar, de las largas horas pasadas en la biblioteca, de las risas de Melissa, quien creía amarle porque habían tenido los mismos maestros y escuchado las mismas lecciones.

Un nuevo horizonte se abría ante él. Y aun cuando una mano lo retuviera en Philippi, otra lo arrastraba hacia su destino.

Pese a su infinita aflicción, pese a su amor por Kruptos, pese a que le doliera abandonar un país que amaba, Alexandros no demoraría con ningún pretexto su partida hacia Egipto.

1. La época de la cosecha. *(N. de la A.)*

2

Dos días más tarde, Kruptos vio partir a su sobrino no sin inquietud. A pesar de que el clima fuera ideal en aquel mes de julio, en el que Grecia no había tenido ni un día de lluvia, y aunque hacía algunos años que habían conseguido eliminar a los piratas del Mediterráneo, los temores de Kruptos no se habían disipado por ello. No se debían a los riesgos intrínsecos de la navegación, sino a las verdaderas razones de la marcha de su sobrino que, evidentemente, no se limitaban a la investigación histórica.

La víspera, Kruptos había ido a rezar a Zeus para que no lanzara su rayo durante la estancia de Alexandros en Egipto. Había dirigido plegarias a los dioses levantando los brazos al cielo. Había recordado largo rato los actos piadosos que hasta entonces había efectuado con Alexandros, para que su oración fuese escuchada. Luego había presentado numerosas ofrendas, libaciones de vino y leche, además de pasteles y legumbres que depositó personalmente ante el altar. Tampoco se había mostrado mezquino al elegir los animales sacrificados a las divinidades; todos fueron sanos, sin defectos y completamente blancos. Pese a los escasos medios de que disponía, había sacrificado una vaca a Atenea, dos cabras a Artemisa y a Afrodita y un verraco a Poseidón, el dios del mar, que guiaría la travesía de Alexandros.

Kruptos había deseado una ceremonia en toda regla, que se había celebrado al amanecer. Habían decorado el altar con flores y guirnaldas de hojas. Los sacerdotes, vestidos de blanco, habían tendido a Kruptos y Alexandros la corona de los sacrificios. Adornaron también con ellas las bestias sacrificadas cuyos cuernos habían dorado. Kruptos, sin embargo, insistió ante los sacerdotes para que el verraco fuera inmolado justo antes de que el barco de Alexandros abandonara las costas macedonias.

Así pues, el navío y la tripulación ya estaban listos cuando Alexandros, la mañana de la partida, se reunió con su tío en la plaza pública. Él mismo roció el verraco sacrificado y a los asistentes con el agua lustral que sacó, con ambas manos, del *chernips*[1]. Ayudó a los sacerdotes a encender el fuego en el altar con semillas de cebada y pelos de animales.

Se concentró luego en su plegaria. El sacrificador tomó entonces un largo cuchillo afilado, agarró con gesto brusco la cabeza del verraco y la echó hacia atrás. Degolló al animal con un solo tajo y la sangre cubrió el altar. Los sacerdotes quemaron un muslo con algo de grasa en honor a Poseidón. Luego, la carne del animal fue troceada y repartida entre sacerdotes y fieles.

–¡Qué bien huele! –murmuró Alexandros a su tío–. Eso es un buen augurio. Sin duda, tendré una estancia provechosa en ese Egipto al que tú tanto temes.

Kruptos refunfuñó y Alexandros intentó de nuevo tranquilizarlo.

–¡Espera! –dijo de pronto Kruptos al adivino, que asistía al sacrificio–. No estoy convencido. ¿Podrías examinar por mí el hígado de la víctima?

–Claro –repuso el adivino, quien se dirigió al altar–. Pero necesitaremos más tiempo y dudo que Alexandros quiera demorar su partida.

–¡Vamos, vamos! ¡Sólo será media jornada!

–Como quieras... –concluyó el adivino al ver la mueca de Alexandros.

Examinó las vísceras del animal sacrificado con suma atención ante la mirada inquisidora de Kruptos; sin embargo, puesto que tardaba en pronunciarse, Kruptos se adelantó.

–El hígado está manchado –señaló–. ¿Por qué no te pronuncias?

1. Jarrón. *(N. de la A.)*

–Reconozco que me resulta difícil establecer un diagnóstico. En efecto, el hígado se halla en mal estado y eso no augura nada bueno, pero es grande y me parece que ha funcionado con normalidad. Por lo tanto, es posible que el viaje de tu sobrino no transcurra sin contratiempos, pero al final todo acabará bien.

Kruptos se rió con sorna.

–Sólo lo dices para que te pague mejor. ¡Yo veo en este hígado todas las desgracias del mundo!

Alexandros se estremeció.

–Vamos, tío –dijo ante el pasmado público–, nos asustas inútilmente. ¿Qué quieres que le suceda a un estudiante en Alejandría? ¿Que un rollo de papiro le caiga sobre la cabeza y lo mate?

–No vengas con ironías –le aconsejó Kruptos–. Nadie se burla nunca impunemente de los dioses.

Alexandros prefirió no insistir. No quería separarse de su tío con una disputa, y guardó silencio mientras se dirigía al barco con el anciano a su lado.

Cuando llegaron, Kruptos había recuperado una leve sonrisa. Ambos hombres se abrazaron largo rato antes de separarse.

Alexandros había decidido detenerse en Creta antes de dirigirse a Egipto. Llegó sin ningún problema, pues los griegos navegaban desde hacía un siglo por el Mediterráneo para acabar con los piratas. La tripulación que había elegido era la de un velero mercante y tardó casi siete días en llegar a Creta, ya que los marinos se negaban tajantemente a navegar de noche por falta de faros potentes. No perdían nunca de vista la tierra y durante el día seguían la línea de la costa, pasando de isla en isla para pernoctar en tierra firme. Se demoraron en la rada del Pireo, a la que llegaban productos del mundo entero, y vendieron allí la madera que transportaban.

Su escala en Cnosos fue también más larga que las precedentes, pues deseaban comprar cerámica para venderla en Alejandría, donde eran muy apreciados los jarrones y las joyas griegas. ¿Acaso el faraón no era de origen helénico y no deseaba por encima de todo realizar una perfecta simbiosis entre la cultura griega y la civilización egipcia?

Al decimocuarto día de travesía, Alexandros vio, con júbilo y alivio, una luz que brillaba en el crepúsculo.

–Ya estaba deseando llegar –le confesó el jefe de la tripulación–. Quería hacer una última escala antes de arribar a Alejandría, pero este faro es tan potente que nos ha permitido navegar después de la puesta de sol.

–Esa luz que brilla a lo lejos... –murmuró Alexandros– ¿es el faro de Alejandría?

–Nos muestra el camino del gran puerto.

–Y de la mayor ciudad del mundo... –dijo Alexandros, con entusiasmo–. La ciudad donde nací...

–Ah, muy bien... –se limitó a gruñir el jefe de la tripulación, que consideraba desmesurado el entusiasmo de Alexandros.

–Esta torre que vela sobre Faros fue erigida por Sostrato de Cnido, el hijo de Dexífanes, para protección de los griegos. En Egipto, ninguna isla puede servir de vigía, pues la ribera que acoge a los barcos se extiende a ras de agua. Por eso se yergue, alta y orgullosa, recortándose contra el cielo, esa torre que, encaramada sobre inabordables rocas, imita la luz del día –dijo Alexandros, citando un epigrama de Poseidippos.

De pie en la proa del navío, que se deslizaba sin ruido por la superficie de las olas, el macedonio nada más tenía ojos para aquel milagro que de momento sólo conocía por sus representaciones en las lámparas griegas, en mosaicos o monedas.

–Ya llegamos...

–¡Oh! ¡Estamos lejos todavía del gran puerto! ¡Este faro es tan alto que se ve de muy lejos!

Cuanto más se acercaba el navío, más vivas eran la atención y la curiosidad de Alexandros. Por fin le pareció divisar la cúspide de la torre cuadrada, con ventanas, y el elemento redondo que la coronaba dominado por una estatua. Su construcción había sido iniciada por Tolomeo Soter y concluida por el faraón reinante, hacía ya diez años. Desde las esquinas del primer piso (la construcción se componía de tres plantas) resonaron los cuernos de niebla que señalaban su llegada. La hoguera de madera resinosa que ardía junto a la estatua dejaba escapar una humareda que ennegrecía el cielo.

El bajel circunnavegó la roca en la que se había construido el faro. Desde lo alto del parapeto que coronaba el primer piso, un cuadrado de cuarenta y cinco pasos de lado y cuya altura alcanzaba las treinta y una brazas, un egipcio vestido con un simple taparrabos saludó a la tripulación griega e hizo señas de que avanzaran sin temor.

–¡Bueno!, esta vez hemos llegado –declaró Alexandros con los ojos deslumbrados todavía por la elegancia y la altura del faro–. ¿Cuántas veces habré soñado en abordar esta ribera? Desde que tenía diez años, sólo he vivido para ese instante. Ahora, me espera lo más difícil.

3

Unos egipcios se acercaron a Alexandros en cuanto desembarcó y le ofrecieron conducirlo a donde deseara. El joven vaciló. Un escriba de la biblioteca de Alejandría le había hecho saber que podría disponer de una habitación no lejos de su lugar de trabajo o en el museo, donde residían todos los eruditos.

El macedonio desenrolló la carta que le habían enviado a Grecia y primero pidió a los egipcios que lo acompañaran al lugar indicado. Luego cambió de opinión.

–¿Conocéis la casa de Glaukos Agathos? –preguntó a uno de los hombres.

El interrogado habló en egipcio con su compañero. Los dos tenían algunas nociones de griego.

–No, en realidad no. Ni el uno ni el otro sabemos quién es ese Agathos –respondieron con aspecto apesadumbrado–. ¡Alejandría es una ciudad muy grande!

–Es cierto –asintió Alexandros, excusándose–. Por un instante lo había olvidado. Además, Glaukos murió hace ya mucho tiempo...

–¿Era un personaje importante?

–Tal vez... Sí, eso creo... –respondió evasivamente Alexandros.

–Glaukos, Glaukos... –dijo el egipcio de más edad rascándose la frente–. ¿Cuándo murió?

–Hace veinte años –repuso Alexandros sin vacilar.

El egipcio se estremeció.

–Sí, ahora caigo. El hombre murió con toda su familia. Fue asesinado. Tenía una posición acomodada y los alejandrinos hablaron durante mucho tiempo de aquel suceso. Era un hombre honesto y bueno.

–¿Sabéis dónde vivía? –insistió Alexandros.

–Sí, en una gran propiedad situada en las afueras de la ciudad –le aclaró el egipcio a su compatriota.

–Dicen que la casa está embrujada. Una hechicera hace allí sus encantamientos.

–Pero ¿quién es el propietario? –preguntó Alexandros.

–Nadie querría comprarla. Ha permanecido desocupada desde la muerte de los Agathos. Hoy está en ruinas.

–Bueno, escuchadme bien –les dijo Alexandros–, llevadme esta tarde al lugar que se indica en este papiro y venid a buscarme mañana al amanecer. Entonces me guiaréis hasta esa casa.

Como los dos egipcios dudaban, Alexandros prometió darles una importante suma de dinero.

–El problema no es ése –le respondió el de más edad–. A los egipcios no les gusta demasiado merodear por aquel lugar maldito. Sois extranjero. No conocéis los barrios o los lugares de Alejandría que conviene evitar y...

Alexandros sonrió con tristeza. Tendió la mirada sobre las negras aguas en las que se reflejaba la luz del faro. A esa hora avanzada, marineros y pescadores seguían atareados en el muelle. Las olas continuaban rompiendo en el espigón y traían, de mar adentro, un olor salobre y algo acre.

Alexandros comprendía vagamente lo que los egipcios decían.

–Sí, tenéis razón –reconoció–, aquí soy sólo un extranjero, aunque esta ciudad sea griega. Tengo la impresión de que es la primera vez que piso el suelo de Alejandría. Sin embargo soy tan alejandrino como vosotros, pues nací aquí; pero no estábamos hablando de eso, ¿aceptaréis acompañarme mañana a la casa de Glaukos?

Los egipcios dudaron aún, pero luego inclinaron la cabeza en señal de asentimiento.

–Sin embargo, nos quedaremos a cierta distancia –puntualizaron.

–De acuerdo. Proseguiré a pie –dijo Alexandros.

La biblioteca estaba situada cerca del puerto, y los egipcios llegaron con rapidez a la calle de Canope.

–Aquí es –anunciaron a Alexandros, quien bajó de la silla de manos.

Frente a la biblioteca se alzaba un pequeño edificio. Un hombre de unos cuarenta años salió de él con presteza y tomó la bolsa de Alexandros.

–Os aguardábamos desde hace varios días –le dijo–. Al oír los cuernos de niebla, mi servidor ha ido corriendo al puerto y luego ha venido a informarme de vuestra llegada. Quería recibiros como solemos acoger aquí a todos los sabios extranjeros.

Alexandros se mostró halagado.

–Sólo soy un estudiante... –repuso, algo incómodo.

–Venid. Os mostraré vuestra habitación.

Tras haber recordado a los dos egipcios que le habían acompañado que les esperaba al día siguiente en el mismo lugar, Alexandros siguió a su anfitrión.

–Aquí se alojan algunos eruditos. Estamos en un anexo de la biblioteca. Yo me encargo de recibirlos y de los demás cuidados. El lugar me pertenece, pero parte de nuestros bienes está a disposición del rey. No os sentiréis extranjero en Alejandría. Numerosos macedonios viven aquí. Todos los griegos pueden residir donde les plazca, mientras que nosotros, los egipcios, tenemos asignados barrios especiales, como los judíos. Aunque reconocen la autoridad de nuestro rey, los macedonios suelen negarse a cambiar sus hábitos y sus costumbres. Espero de todo corazón que nuestra ciudad os complazca.

Alexandros esbozó una sonrisa de complicidad.

–El rey está ausente ahora –prosiguió su anfitrión–, pero el estratega de la ciudad lo sustituye. Mañana os presentaré al dieceta que se encarga de las finanzas del rey Tolomeo.

–Estaré ausente por la mañana –creyó oportuno advertir Alexandros.

–¡Ah, bueno...! –se extrañó el egipcio–. En ese caso, lo visitaremos al ponerse el sol.

–Me parece bien –respondió el macedonio–. Imagino que el rey se ausenta a menudo de Alejandría; sin duda, tiene que cumplir muchas tareas en el vasto Egipto.

El egipcio dejó la bolsa de Alexandros en el umbral de una pequeña habitación, modestamente amueblada con un simple jergón cubierto con una tela y dos cofres para la ropa. Junto a la pared había una mesa de trabajo. Desde la ventana, Alexandros podía contemplar el tráfico marino y el faro que brillaba en la noche estrellada.

–Nuestro señor se ve obligado a vigilar sus tierras y a visitar con frecuencia a los sacerdotes que administran las tierras sagradas de los dioses y a los funcionarios que explotan el suelo real. Desea que el ganado esté bien cuidado y, como en los banquetes le gustan la oca y el cerdo, nuestro rey tiene fama de controlar personalmente a los criadores de esos animales.

Alexandros soltó la carcajada. Recordó que el Estado tenía en Alejandría numerosos monopolios, como el de la industria, la sal, el natrón, el alumbre, la pesca, la cría de pichones, el cuero, el papel, los perfumes, los tintes, los baños, los bancos o la miel.

Después de agradecer al egipcio su recibimiento, Alexandros le confesó que el viaje lo había cansado y le comunicó su intención de levantarse al alba.

–Me llamo Setnajt –dijo el egipcio mientras se iba–. ¡Que la noche os sea dulce!

En cuanto estuvo solo, Alexandros se sentó en su yacija. Se sentía agotado, pero la curiosidad y el objetivo de su viaje lo excitaban hasta el punto de que no deseaba realmente dormir. Contempló una vez más las negras aguas. El faro que estaba situado a lo lejos, ante el palacio real, iluminaba la isla de Faros, unida a tierra por el dique en el que había sido construido.

Múltiples puntos luminosos animaban la costa.

«Cabañas de pescadores sin duda –se dijo Alexandros–. Conocí aquí mi parte de desgracia. ¿Cuál será mi parte de felicidad? Tiene que haber una. Los límites de esta ciudad fueron trazados con harina tomada de las raciones del ejército. Entre los nuestros, es un augurio de grandeza y felicidad. Alejandría no puede ser únicamente el lugar de mis años más dolorosos.»

4

Alexandros se durmió mucho más tarde. Le despertaron la blancura de la aurora y los ruidos de la calle, que no le resultaban familiares. Sin perder tiempo en comer una torta, ni siquiera un pastelillo, se puso apresuradamente una túnica corta y se la ciñó a la cintura. Tras haberse calzado las sandalias, bajó con prisa la escalera que daba a la calle de Canope y se reunió con los dos egipcios que le aguardaban.

–La casa de Agathos está al este –le dijo el que parecía mejor informado–. Da al mar.

Los tres hombres siguieron la calle de Canope, que cruzaba longitudinalmente la ciudad. Pasaron ante numerosos templos dedicados a los dioses griegos y dejaron atrás el gimnasio. No lejos de allí, en una colina artificial, se alzaba el palacio de justicia dedicado al dios Ptah. Cuando llegaron a su altura doblaron a la izquierda y al alcanzar la costa la bordearon dirigiéndose al puerto real. Tras ellos brillaba todavía la fogata de troncos resinosos coronada por la estatua en bronce de Poseidón, que dominaba el pequeño puerto. Junto a un cementerio se extendía un descampado que iba a dar al mar. Los egipcios lo cruzaron y se detuvieron.

–Aquélla es la casa que buscáis –le dijeron a Alexandros, señalando con el dedo una fachada blanca.

–Pero ¡no hay ninguna vivienda más! –exclamó Alexandros.

–Ya os lo advertí. Nadie quiere vivir en este lugar maldito. Sólo vienen las prostitutas y los magos. ¿Cómo regresaréis?

–No lo sé... –confesó Alexandros–. Caminaré. Dejadme sin temor. No me pasará nada, os lo aseguro.

Los egipcios lo siguieron con la mirada y luego regresaron al centro de la ciudad.

Alexandros se dirigió a buen paso hacia la casa en ruinas. Sin embargo, al acercarse a la fachada blanca cuyas piedras azotaba la brisa marina, aminoró la marcha y sintió que su corazón palpitaba desbocado.

Las hierbas habían invadido el patio central y la mayoría de las estancias de la planta baja. La fachada del edificio estaba todavía en pie, así como parte del primer piso. La fuente del patio, recubierta de musgo verdoso, no había perdido un ápice de su majestad; en el centro, un Eros de mármol sostenía un delfín en los brazos.

Alexandros siempre había estado convencido de que reconocería aquel lugar en cuanto volviera a verlo. Tuvo la triste sorpresa de no sentir nada. No había conservado recuerdo alguno de aquel suelo que, por fin, pisaba después de tantos años.

Aquellos mosaicos rotos que cubrían el suelo de los baños y que se habían descolorido al sol, esos bancos que rodeaban el patio cuadrado donde antaño debió de sentarse, el anchuroso mar que se ofrecía a la vista, no despertaron en él reminiscencia alguna. Suspiró y se sentó en un bloque de piedra.

–¿Qué he venido a hacer aquí? –se preguntó en voz alta–. Kruptos había adivinado que vendría a este lugar, ¿y ahora qué?

Desalentado, Alexandros cerró los ojos y respiró profundamente. El sol era ardiente ya. Contempló aquel astro dorado que parecía emerger del agua y volvió la cabeza hacia el olivo que, en otro tiempo, debía de sombrear la parte este de la casa. Era alto y frondoso. Solitario en aquel lugar donde nada parecía querer crecer. Símbolo del eterno renacimiento, velaba sus ruinas.

Alexandros observó sus ramas cargadas de frutos, interrogándose sobre su edad. Se aproximó y, cuando se tendía a la sombra de su espeso follaje, una fugaz imagen atravesó su espíritu. Recordó de pronto haberse sentado ya en aquel lugar. Un hombre le vigilaba entonces. Aquel hombre no era joven. Tenía una hermosa sonrisa y los dientes muy blancos, una voz cálida y tranquilizadora. Alexandros volvió a verse, corriendo torpemente hacia él mientras le tendía los brazos.

Y entonces los recuerdos se reorganizaron en su memoria. Desde donde estaba tendido, recordó las moradas que rodeaban la casa, construidas en pequeñas terrazas junto a las que se habían excavado cisternas. Adosadas todas ellas, eran modestas y construidas en madera. Alexandros recordaba sus puertas, que se abrían hacia el exterior golpeando a veces a los viandantes.

Ahora la casa le pareció familiar. Una de las estancias tenía ventanas tan pequeñas que no era necesario taparlas en caso de lluvia. El edificio miraba a mediodía para que el sol, en invierno, penetrase en los aposentos y para que, en verano, pasara por encima de los techos dejándola en la sombra.

Alexandros recordó una sala de banquetes decorada con mosaicos que debía hallarse en el ángulo nordeste y un vasto salón situado al norte, en el que se filtraba la luz del patio interior. El comedor estaba junto a la cocina y el cuarto de baño.

Alexandros se levantó.

–¡Claro que sí! –exclamó–. Allí estaba la bodega y allí el taller. En el primer piso, el gineceo y las habitaciones.

Acarició los restos de una columna de mármol.

–Las columnas rodeaban el patio –dijo–, y delante estaba el vestíbulo. Lo recuerdo... Las mujeres temían tanto bajar la escalera para bañar a los niños que los hombres habían decidido vivir en el primer piso y cederles a ellas la planta baja. Las terrazas estaban decoradas con balaustradas y columnas. En las paredes interiores colgaban tapices y bordados que evocaban escenas de la *Odisea,* que gustaba mucho a la familia. Los techos eran artesonados. Cuando hacía mucho calor, nos acostábamos en la terraza baja de la casa, sobre la que se inclinaban las ramas jóvenes del olivo.

Alexandros corría ahora de un lugar a otro.

–¡Qué maravilla! –exclamó–. ¡Esta mansión era muy hermosa! Albergaba a un personaje ilustre. La reconstruiré dejándome guiar por mis recuerdos. ¡Sí! ¡La reconstruiré y viviré aquí! Siempre encontraré esclavos dispuestos a servirme en este rincón perdido, aunque deba pagarlos muy bien.

Mientras recorría las ruinas que ahora le hablaban, Alexandros oyó unas voces. Se extrañó de que algunos alejandrinos se aventuraran por allí; se disponía pues a interrogarlos cuando recibió una lluvia de piedras.

–¡Fuera! –gritaron–. ¡Fuera de aquí! ¡Ve con los cuervos, tú, que te atreves a hollar este suelo maldito!

Aunque eran muy jóvenes, los alejandrinos intensificaron con sus amenazas e hirieron al macedonio en la frente. Sobreponiéndose a su sorpresa, Alexandros comenzó a responder a ese ataque cuando una anciana que vestía una sucia túnica avanzó hacia él.

–¿Qué estás haciendo, griego? –le dijo–. ¿No te han aconsejado que no vinieras? Sal de este lugar.

Alexandros no era hombre que se dejara intimidar fácilmente.

–¿Quién eres, vieja bruja? ¿Son tus hijos esos jóvenes locos?

–Claro que no. Pero todos los que sepan que has venido aquí procurarán que vuelvas al mar y regreses a tu país.

–¡Aquí está mi país! –casi gritó Alexandros–. No sólo porque aquí nací, sino porque soy macedonio como lo era Alejandro Magno antes de que esta ciudad existiera. ¡Esta ciudad es griega, no lo olvides!

–Avisaré al jefe de los astinomos...

–¡Claro! ¿Y por qué no al exégeta o al gobernador? –tronó Alexandros secándose la frente–. Debes saber que estoy aquí gracias al rey y que he sido acogido en esta ciudad como si fuera el mayor de los sabios.

La vieja gruñó.

–Eso no me interesa –respondió, incitando con el gesto a los adolescentes a que siguieran apedreándole. Si no te vas inmediatamente, sabré convencerte de que te largues.

Alcanzado de nuevo en la pierna, Alexandros agarró a la vieja y la arrastró hacia un lado sin miramientos.

–Escúchame bien –le dijo–, porque no voy a repetirlo. Ésta es mi casa, ¿lo oyes? Esta morada fue la de mi familia, la de Agathos, mi padre. Me llamo Alexandros Agathos y, a juzgar por los testimonios que he recogido, pero también por el tamaño de esta propiedad, mi padre era un personaje influyente en Alejandría.

La vieja no estaba convencida. Rió malignamente.

–Agathos era un gran hombre recibido en la Corte, es cierto. Tenía fortuna y ejercía en Alejandría una importante función. Sus servidores eran numerosos; su mujer, joven y bella. Pero estoy convencida de que mientes.

–¿Cómo te atreves? –amenazó Alexandros levantando el brazo como si quisiera golpearla.

La vieja se protegió el rostro con la mano.

–No puedes ser el hijo de Agathos –le dijo–, toda su familia fue asesinada. Su mujer y sus hijos fueron encontrados muertos. ¡Fue horrible!

–Escúchame –le dijo Alexandros–. Soy en efecto el hijo de Agathos. No estaba muerto cuando mi tío entró en casa y me encontró tendido junto a mi madre. Él me cuidó y me educó. Fui a vivir con él a Philippi, en Macedonia.

Ante el semblante afligido de Alexandros, la anciana perdió su seguridad.

–Pero ¿cómo puede ser? –murmuró–. ¿Cómo? Es imposible. ¡Imposible! Yo misma vi...

Alexandros le tiró de la túnica.

–¡Te juro por todos los dioses que digo la verdad! En cuanto a ti, pareces saber mucho más de lo que yo creía. Hagamos un pacto: si me cuentas lo que sabes, te daré un talento.

La vieja le miró con los ojos muy abiertos.

–Por Zeus, creo que estás loco. Pero, si pagas bien, nada me impide hablar. No es un secreto. Conocí a Agathos y fui yo quien los encontró muertos. Fregaba cada día los mosaicos en esta casa. Aquel día, cuando llegué, los encontré tendidos en el comedor. Los habían matado a cuchilladas. La estancia de la que hablo estaba allí –añadió la vieja señalando con el dedo hacia el olivo.

–Ya lo sé... –murmuró Alexandros siguiéndola.

–Allí yacía el cuerpo del dueño, allí el de su mujer y allí los de sus hijos, Melissa, Equitos y Alexandros. No puedes, pues, ser Alexandros.

El macedonio se limitó a abrirse la túnica. Una cicatriz le cruzaba el pecho.

–Yo te haré recordar. ¿Fue Alexandros apuñalado aquí?

La vieja lanzó un grito y retrocedió un paso.

–No sé si regresas del país de los muertos ni si tu alma se ha unido a tu cuerpo para vivir de nuevo en la tierra –dijo–, pero, seas quien seas, desconfía de los alejandrinos. No se mostrarán amables. Ahora, dame mi dinero y déjame partir. Me matarían si me vieran hablando contigo.

–¡Sea! –dijo Alexandros tendiéndole el dinero–, pero debo saber dónde encontrarte en caso de necesidad.

–Soy hechicera en el barrio de los judíos, a dos pasos de aquí.

–¿Tienes alguna idea sobre la identidad de los asesinos de mis padres?

–¡No! –gritó la vieja alejándose–. No, no sé nada. ¡Nada de nada!

Y se marchó corriendo, seguida por los jóvenes alejandrinos.

5

Tras haber fisgoneado toda la mañana por el lugar esbozando planes para la reconstrucción de lo que consideraba su casa, a Alexandros le tentó dar una ojeada al cementerio vecino. Tal vez la tumba de su familia estuviera allí. Quizás un amigo de los Agathos la hubiera cuidado.

En ese caso, tendría ya un comienzo de pista para imaginar la vida de sus padres, rememorarla en su espíritu. Pues ésa era su intención. Quería seguir, paso a paso, la carrera de su padre, descubrir a su asesino y llevarlo ante la justicia o matarlo.

Kruptos lo había comprendido todo y temía dejarle partir. Era evidente que le daban miedo, también, los descubrimientos que su sobrino haría. ¿Sabría más de lo que aparentaba?

«Hubiera debido interrogarle antes de partir», se dijo Alexandros.

Luego, cambió de opinión.

«No. A fin de cuentas, hice bien actuando así. Tal vez no me habría dejado marchar. Y, además, pienso aprovechar esta estancia para proseguir mis investigaciones sobre la historia de Macedonia. ¡No mentí por completo!»

Alexandros estaba decidido a consultar los registros del gobernador para conocer la superficie exacta del terreno que le pertenecía. Se dirigió con paso resuelto al cementerio. El sol abrasaba ahora las escasas hierbas y los magros bosquecillos que lo rodeaban.

Algunos cipreses raquíticos resistían la brisa salada que llegaba del mar y los implacables rayos del mediodía, manteniendo su verdor y su aspecto rígido. Gruesas y angulosas piedras hacían difícil caminar con simples sandalias.

Alexandros siguió las avenidas bordeadas por cercados pertenecientes a familias griegas, que contenían las tumbas de sus miembros y las de sus esclavos. Cada cercado estaba rodeado por un talud. Una placa de mármol, una estela adornada con bajorrelieves o un edículo con frontones indicaban el nombre de los difuntos, el año de su nacimiento y el de su muerte. Lequitos y lutróforos de mármol remataban las sepulturas de los solteros, los esclavos tenían sólo simples cipos redondos que mostraban su nombre. Se veían animales representados en altos pedestales o en las esquinas de los recintos, y con frecuencia eran toros, leones, perros, esfinges o sirenas. Los bajorrelieves representaban escenas de la vida cotidiana.

Al principio, Alexandros se demoró en cada nombre, intentando imaginar, por el número de cipos, cuál había sido el nivel de vida del difunto; luego acabó leyendo sólo los nombres con la esperanza de encontrar el suyo. Iba a renunciar cuando decidió recorrer también los edificios que se alzaban sobre los panteones egipcios amurallados, al fondo del cementerio.

Una decena de sepulturas griegas, todas magníficas, se hallaban al extremo de aquella avenida. Rivalizaban en mármoles, oro y plata. Cada estela narraba la vida de la familia y sus actividades.

Alexandros se preguntó por qué aquellas tumbas habían sido relegadas tan lejos, a un extremo del cementerio, como si hubieran querido apartarlas de las miradas. Sin duda era para evitar el pillaje. De pronto, se quedó estupefacto. Ante él se levantaba la más lujosa de las sepulturas. Sus inscripciones brillaban con un oro purísimo. La coronaban jarras de mármol. En lo alto de la estela se leía el nombre de su propia madre: «Helena Agathos». A su lado se levantaba otra estela para «los hijos de Agathos».

Alexandros dio un respingo. Una mano, helada a pesar del calor, se había posado en su hombro. Se volvió, atónito.

–No debéis permanecer aquí –dijo un hombre que parecía custodiar el cementerio.

–Creí que no había nadie... –se justificó Alexandros–. He venido a visitar la tumba de mis padres, los Agathos.

–En ese caso... Me pagan para proteger estas tumbas del pillaje...

–¿Os pagan? ¿Quién?

–El gobernador.

–¿También cuidáis las tumbas?

–No. Sólo vigilo.

–Hacía más de veinte años que no regresaba a Alejandría y la parcela de mi familia es la mejor cuidada. ¿Sabéis quién se encarga de ello?

El guarda agachó la cabeza.

–No. En absoluto. Y no debo hacer preguntas ni responderlas.

Alexandros leyó la inscripción que adornaba la estela de su madre. Había vivido, indicaba ésta, en una tierra donde se podía cazar y capturar animales. Había hecho que erigieran un altar y un templo a Artemisa. Velaba por la cría de sus cerdos, sus bueyes, sus cabras y sus caballos. Su propiedad estaba rodeada por un vergel que daba excelentes frutos.

–Una propiedad... –exclamó Alexandros–. Es lo que me imaginaba. Mi padre era inmensamente rico. En realidad Kruptos no me mintió. Pero ¿dónde está la tumba de mi padre?

Alexandros examinó más atentamente el recinto funerario sin hallar rastro de una estela que evocara a su padre.

–Pero ¿qué significa esto? –dijo en voz alta–. No comprendo. Mi padre fue asesinado al mismo tiempo que mi madre. Su tumba debiera pues hallarse aquí. Sin duda fue enterrado en la misma tumba que mi madre. Me habría gustado leer lo que hubieran escrito en su estela. Desde luego, aunque ilustre, mi padre parece haber tenido una vida muy misteriosa. Tendré que investigar. Sé ahora que mi madre murió a la edad de veinticuatro años y que era la esposa de un alto funcionario que tenía sesenta y tres. Todos los que le conocieron aseguran que mi padre era el mejor de los hombres. A juzgar por la bondad de Kruptos, estoy convencido de que su hermano era también justo, recto y caritativo.

Alexandros leyó de nuevo el inicio de la inscripción grabada en la estela en honor de su madre:

HELENA AGATHOS, ESPOSA DE AGATHOS,
EKLOGISTA ANTE EL DIECETA.

Se volvió hacia el guardián, que no se movía.

–No podéis darme información sobre estas tumbas –le dijo Alexandros–, pero ¿podéis decirme cuál es, en Alejandría, la función exacta del eklogista?

El guardián vaciló.

–Cualquiera podrá responderme –insistió Alexandros–. Estoy haciendo una pregunta de orden general.

–El eklogista es el gran contable de la ciudad. Se encarga de verificar las cuentas. Trabaja con el dieceta.

–Y el dieceta es el hombre más importante, después del rey...

–Administra el reino. Su despacho registra las peticiones, las demandas y las quejas procedentes de los distintos nomos[1] que tienen su sede en las principales ciudades de las provincias.

–Imagino que el eklogista tiene a sus órdenes numerosos contables.

–Es verdad.

Como el guardián no parecía muy dispuesto a revelar nada más, Alexandros consideró preferible retirarse tras haber admirado, otra vez, el recinto funerario que fulgu-

1. Regiones del valle del Nilo. (*N. de la A.)*

raba al sol de mediodía. El mármol brillaba; las turquesas se animaban; los dorados vibraban, cálidos y ricos. Las estelas estaban tan limpias, tan blancas y tan flamantes que Alexandros salió del cementerio sorprendido y emocionado.

6

Alexandros tomó, más tarde de lo previsto, el camino de la biblioteca.

También tardó más tiempo de lo que imaginaba en encontrar un carro de dos ruedas que pudiera llevarle donde le aguardaba Setnajt.

–Comenzaba a preocuparme –exclamó el egipcio–. Me han dicho que habíais partido al alba sin ni siquiera comer una torta o algunas aceitunas. Nadie ha podido decirme qué dirección habíais tomado...

–De hecho, me ha costado mucho encontrar un carro. Me había alejado del centro y he tenido que caminar casi una hora antes de encontrar un auriga. Un efebo me ha traído hasta aquí. Ha tenido tiempo para contarme sus desgracias. Me ha dicho que estaba enamorado de una egipcia y, aunque era mayor y en edad de entrar en un demo, he creído comprender que no tenía derecho a casarse con ella.

–A nuestros reyes, en efecto, no les gustan demasiado los matrimonios entre ciudadanos autóctonos y ciudadanos griegos.

Alexandros se extrañó, y luego preguntó por su cita con el gobernador.

–Estará esperándonos –le dijo a Setnajt.

–Es probable, pero ¡tenemos tiempo todavía!

Antes de ver al dieceta, Alexandros quería saber más sobre él. Se enteró así de que el brazo derecho del rey procedía, como él, de Macedonia, al igual que el conjunto de los altos funcionarios del poder central y local.

–No es mi caso –le dijo con malicia Setnajt el egipcio–, ni el de la mayoría de los sabios que el rey recibe en Alejandría. Probablemente mañana podréis encontraros, en la biblioteca, con los arquitectos griegos Clepón y Teodoro, que están urbanizando el nomo Arsinoítes. No temáis nada. Todos los hombres a quienes veáis en la Corte hablarán griego. Si necesitáis consultar documentos redactados en egipcio, estos irán siempre acompañados de una nota o un resumen en griego. Incluso los contratos se registran en un despacho griego.

«Eso me ayudará, sin duda, en mis investigaciones referentes a la propiedad de mi padre», se dijo Alexandros.

–No todos los egipcios aceptan la preponderancia de los griegos en los más altos cargos del Estado. Tal vez advirtáis, durante vuestra estancia, cierta hostilidad por parte de los indígenas. No lo tengáis en cuenta. Somos pocos los que reconocemos que los mercenarios siguen siendo insuficientes para constituir en Egipto, sin la participación de los griegos, un ejército regular.

Alexandros se extrañó de que aceptara tan fácilmente una sociedad en la que los egipcios no tenían posibilidad de destacar demasiado.

–Aunque el rey sea generoso y otorgue, de buena gana, la concesión de una propiedad a los mercenarios, que incluso pueden figurar en la guardia real –prosiguió Setnajt–, ¿qué harían los egipcios sin la contribución de los tracios, los gálatas, los misios, los licios, los libios y, sobre todo, los griegos? Creta, el Peloponeso, Cirene, Macedonia, han dado los mejores jefes de nuestras hiparquías y de nuestras chiliarquías[1] y los mejores peltastas[2]. ¡Hay que reconocerlo!

Tras un rápido aseo, el macedonio se dirigió a palacio con Setnajt. Su nerviosismo hizo que no se fijara en el esplendor de la casa del rey. Las riquezas, sin embargo, aparecían pro-

1. Divisiones militares. *(N. de la A.)*
2. Infante ligero armado con la pelta, pequeño escudo de mimbre o de madera. *(N. de la A.)*

fusamente ante él. Tuvo la sensación de hallarse en una fortaleza bien custodiada y en una Corte esencialmente griega: los cortesanos iban vestidos con simples túnicas de tela ligera que revelaban los movimientos de sus cuerpos y caían en armoniosos pliegues hasta los tobillos.

En la entrada de palacio se levantaba la estatua del soberano Tolomeo con atavío militar, indumentaria que el rey llevaba durante las ceremonias oficiales. Se cubría la cabeza con un sombrero de alas anchas, el *kausia*. El faraón llevaba una clámide y grandes botas con lazos. La corona real estaba formada por una diadema posada sobre una simple cinta cuyos extremos caían libremente por detrás de su cabeza. Sus cabellos estaban afeitados, como los de todos sus cortesanos.

Setnajt y Alexandros se cruzaron por los pasillos con el montero mayor, el gran senescal, el médico mayor y dos coperos. Alexandros quedó impresionado por el número de criados, porteros y barrenderos que estaban al servicio del rey. Sin duda, todo le recordaba a su país, incluso la arquitectura del palacio, de columnatas jónicas y corintias. Sólo las pinturas murales, sobre fondo rojo, le parecían de origen extranjero, pero descubrió en ellas a las esfinges, amadas por los griegos, que el arte helénico había tomado del arte egipcio.

En la Corte todo el mundo hablaba griego con naturalidad y los dioses más venerados parecían ser Heracles y Dioniso.

–Tolomeo afirma que desciende de Heracles y de Dejanira –le dijo Setnajt advirtiendo su mirada–. Todos estos bustos representan al dios de la Fuerza. Pero los sacerdotes egipcios siguen trazando en los templos jeroglíficos que afirman que el rey de Egipto es hijo de Ra, el dios Sol.

Alexandro se rió de buena gana.

–¿Y qué piensa Tolomeo?

–¡Oh! –murmuró Setnajt–, se muestra satisfecho de que sus súbditos le rindan homenaje con imágenes del país. Los sacerdotes egipcios son bien recibidos en la Corte. Y es que... ¡Tolomeo no sabe el egipcio!

A Alexandros no le parecía sorprendente que el hijo de Tolomeo Soter, el «dios salvador», hijo a su vez del macedonio Lagos, sólo hablara griego. A fin de cuentas, Tolomeo Soter, sátrapa de Egipto impuesto por Alejandro Magno, se había convertido, casi por azar, en dueño de Egipto a la muerte de Alejandro. Faraón griego, había constituido una dinastía más griega que egipcia.

–¿Os intriga eso? –dijo Setnajt a Alexandros, que permanecía silencioso.

–No, en realidad no –respondió amablemente Alexandros–. Puesto que Tolomeo nació en la isla de Cos y pasó su infancia junto a su madre, Berenice, lejos de Egipto, es lógico que hable griego.

–Sabéis mucho sobre nuestro señor –reconoció Setnajt–: conociendo la desastrosa educación que recibía, su padre le hizo venir inmediatamente a Alejandría.

–Lo sé. No olvidéis que estudio la historia de mi país.

Alexandros había oído decir, también, que Tolomeo tenía un temperamento caprichoso, egoísta y débil, y que su pereza y su corpulencia le hacían hostil a cualquier ejercicio físico, a pesar de las enseñanzas que había recibido del filósofo Estrabón de Lampsaco y del escritor Filetas de Cos.

El macedonio le creía tan vanidoso como deseoso de complacer a su pueblo, pues recientemente había leído un relato de Calístenes de Rodas que narraba la gran fiesta que Tolomeo había dado para celebrar su ascenso al trono y su segundo matrimonio. Pero le creía, también, lo bastante estúpido para haber caído en la trampa que antaño le había tendido su hermana Arsinoe II, viuda de Lisímaco y de Tolomeo Keraunos, que deseaba ser reina de Egipto. Estaba convencido, en efecto, de que la ambiciosa Arsinoe II había hecho acusar a la joven reina Arsinoe I, hija de Lisímaco y primera esposa de Tolomeo, de atentar contra la vida del rey, y ésta había sido desterrada a Coptos, en el Alto Egipto.

Alexandros había sabido también que la cruel Arsinoe había hecho suprimir a algunos miembros de la familia real. Se estremeció de horror.

–Os veo muy pensativo –le dijo Setnajt interrumpiendo el curso de sus pensamientos–. Ya hemos llegado. Tras esta puerta se halla el despacho del dieceta.

–Estaba pensando, sencillamente, que es difícil gobernar sin conocer la lengua de los súbditos.

–¡No importa! La Corte sigue al rey en cualquier circunstancia, de modo que el idioma no constituye un obstáculo. Por lo que al pueblo se refiere, éste se muestra satisfecho. Durante su reinado, la reina Arsinoe se abstuvo de hacer gastos inútiles. Reorganizó el ejército, incrementó la flota, extendió las fronteras. Las estatuas la glorificaron en todas partes. Numerosas monedas llevan su efigie. Fue divinizada... El pueblo es muy desgraciado desde que su alma llegó a la morada de los muertos.

Setnajt calló, pues Apolonio acababa de abrir la puerta de su despacho. El dieceta se distinguía de los demás cortesanos por el lujo de la túnica que llevaba, de púrpura de Tiro, y el refinamiento de sus bordados que indicaba, por si fuera necesario, que era un gran personaje de palacio.

–¡Alexandros Agathos! –dijo Apolonio de Pela estrechándole calurosamente las manos e invitándole a sentarse en su despacho–. Me complace recibiros en Alejandría. En primer lugar, porque nuestra ciudad se ha convertido en encrucijada del mundo, donde pueden encontrarse los mayores filósofos, escritores y sabios, y vos no desentonaréis en este cuadro. Pero también porque conocí a vuestro padre. Trabajó conmigo.

Alexandros se mostró sorprendido.

–Sabía que trabajó con el dieceta, pero ignoraba que vos desempeñarais ya la función...

–¡Pues sí! ¿Os sorprende? –le respondió Apolonio sonriendo.

Alexandros creyó oportuno explicarle que aquel mismo día había acudido a la antigua propiedad de su padre.

–Me ha sorprendido ver que las tumbas de mi familia están tan bien cuidadas –le confió.

–Es normal que el Estado se ocupe de sus altos funcionarios, aun cuando su alma se ha separado del cuerpo por toda la eternidad.

Alexandros asintió.

–Mi más caro deseo es reconstruir la propiedad de mi padre, devolverle su pasado esplendor –declaró.

Una sombra pasó por los ojos de Apolonio, que fingió alegrarse.

–Vuestra estancia podría prolongarse más de lo previsto...

–No lo sé todavía –respondió Alexandros–. ¿Podéis informarme sobre las tierras que poseía mi padre?

Apolonio vaciló antes de responder.

–El rey le había concedido una parcela del dominio real, con el encargo de cuidarla y cultivarla. A cambio, vuestra familia gozaba de inmunidad fiscal. Además, vuestro padre había comprado en subasta un terreno para cultivar cereales. Es muy lógico. Agathos era un antiguo oficial y el rey suele dar a los jefes militares tierras de labranza.

–¿Conocéis las dimensiones de la propiedad?

–Tendremos que verificarlo. Le pediré a un escriba que os ayude, pero no creo equivocarme mucho suponiendo una cifra de quinientos arures.

Alexandros silbó entre dientes.

–¡Buena propiedad!

–Sí. Y sería normal que se os devolviera. Por esta razón he considerado que debíais ser tratado al igual que los clerucos y que teníais derecho a residir en una de las casas de nuestros súbditos. Setnajt es el más fiel. Su más caro deseo es convertirse en griego. Pronto se llamará Setnajt Bios. Llegáis oportunamente.

–Es cierto –respondió, solícito, Alexandros, que le dio las

gracias mientras dirigía la mirada a Setnajt, presente en la entrevista.

–Sin embargo, si deseáis suceder a vuestro padre –añadió Apolonio–, el rey tendrá que dar su conformidad y será necesario que aceptéis enrolaros en nuestro ejército en caso de conflicto. Cuando vuestro padre murió, su cleros fue confiscado, pero, al no poder examinar los derechos de su único hijo vivo, no se dictó resolución alguna. Tras el drama, nadie quería habitar aquella tierra. Los egipcios la consideran hoy maldita por Zeus Olímpico.

–Ya me he dado cuenta.

–La propiedad no puede explotarse. Por eso, si vos, Alexandros, reivindicáis la sucesión y deseáis tener descendencia, se os otorgarán además cincuenta arures.

Alexandros hizo ademán de agradecérselo, pero Apolonio lo detuvo:

–Eso no es nada. Sabed, Alexandros, que el rey había decidido dar a vuestro padre un vastísimo dominio de casi diez mil arures, provocando con ello celos entre los funcionarios. Sus tierras, situadas en el Fayum como las mías, habrían ocupado una extensión inmensa. Vuestro padre habría poseído varias aldeas y recibido también del rey todos los poderes administrativos.

–¿Estáis seguro? –se extrañó el macedonio.

–Absolutamente. Agathos había hecho incluso trazar planos y calcular presupuestos para la construcción de canales y diques, pues habría sido necesario desbrozar e irrigar diez mil arures de tierra desértica, ¡lo que no es baladí! Sé que vuestro padre deseaba, como yo, dirigir empresas comerciales. Tenía la intención de hacerse construir una flota y mantener relaciones permanentes con los sirios y el Asia Menor. Había contratado ya a numerosos griegos para dirigir la hacienda, y corrió el rumor de que había sido asesinado por uno de ellos. Cierto es que, en esa multitud de criados, campesinos y obreros, suelen encontrarse bastantes intrigantes. ¡Estoy bien situado para saberlo!

–La hacienda, probablemente, seguiría siendo una posesión real...

–Claro, y no estaría ya en manos de los Agathos. En cambio, el cleros de vuestro padre, más modesto, os corresponde hoy y podéis acondicionarlo...

–... y solicitar préstamos para ampliarlo.

Alexandros advirtió, sin embargo, que la perspectiva contrariaba a Apolonio, que procuraba ocultar sus sentimientos. El dieceta hizo una seña a Setnajt y a sus dos intendentes, Zenón de Caunos y Panacesto de Calinda, para que se alejaran.

–Os desaconsejo fervientemente que os quedéis en Alejandría –le dijo en tono confidencial–. Sin duda un griego puede dejarse seducir fácilmente por las ventajas que Alejandría le ofrece: no está sometido a obligaciones ni a impuestos. Se le trata bien, como a un judío, aunque, en estos últimos tiempos, algunas fricciones han enfrentado a los judíos con el rey, que desea asimilar su dios a Dioniso. Pero deberéis pertenecer a un politeumata[1] helénico. También en eso tenéis suerte, pues los grupos de macedonios gozan de mayor consideración que las comunidades de cretenses, beocios, aqueos, tracios, misios, persas o incluso idumeos.

–Imagino que esos politeumatas están bajo la autoridad de magistrados y sacerdotes y que su sede se halla en una localidad precisa.

–Eso es. Están mejor organizados que las comunidades judías, que tienen su sanedrín, su genarca y su etnarca[2].

–Entonces no veo inconveniente alguno en instalarme aquí por algún tiempo. Alejandría tiene toda la apariencia de una ciudad griega: cuenta con una asamblea del pueblo, magistrados, un senado y una asamblea de ancianos.

–Sabed que todo habitante de Egipto debe someterse a las leyes del país. Su estatuto está cuidadosamente definido y registrado.

1. Comunidad. *(N. de la A.)*
2. Juez supremo. *(N. de la A.)*

–Es muy natural. Sabré incluso hacerme popular creando, aquí, un gimnasio y una palestra. Contrataré a un cosmeta y un gimnasiarca.

Apolonio lo miró atentamente.

–Eso resulta muy caro. Todos los gimnasios dependen de un politeumata y se hallan bajo la supervisión del Estado. Con estos establecimientos ocurre como con los telares o los santuarios erigidos por particulares; no pueden construirse ni ser demolidos sin permiso real. Tengo aquí la carta de un devoto que fue curado por los dioses, que afirma tener visiones, y me ruega que le ayude a fundar un santuario de Serapis a orillas del mar. Dudo poder lograrlo.

–Pero tengo medios para construir el mayor gimnasio de la ciudad y no creo que el rey rechace semejante proyecto.

–¿Medios?

–Sí –respondió Alexandros.

–Creo que no habéis comprendido bien. Los egipcios no aceptan que los griegos reciban los mejores campos y accedan a las más altas funciones. No vacilan en rebelarse. Y si le pegan fuego a vuestra propiedad, si dificultan el desarrollo de los trabajos que mencionáis...

–No es todavía el caso –respondió Alexandros con tranquilidad.

–A los egipcios les cuesta mucho tratar con los griegos en la vida cotidiana. Rechazan las costumbres helénicas. Su religión...

–Me ha parecido por completo asimilada a la nuestra. ¿Acaso no hay cultos populares, comunes a ambos pueblos, que han permitido un acercamiento entre todos los súbditos del rey?

Alexandros contempló las estatuas de palacio que le rodeaban y que parecían con su aspecto desmentir a Apolonio: una representaba a Serapis, que tenía, a la vez, características de Dioniso y de Asclepio, el dios sanador; la otra representaba a Amón-Ra-Sonter de Tebas-Dióspolis, asimilado a Zeus.

Serapis impresionó también a Alexandros por su parecido con Zeus y Platón. El dios iba tocado con la sagrada cesta de los misterios; junto a él se hallaba el Cerbero tricéfalo. Algo más atrás, Isis y Horus niño constituían la tríada divina más venerada por los alejandrinos.

Apolonio siguió la mirada del joven macedonio.

–Comprenderéis a qué me refiero al vivir aquí –le dijo, adivinando sus pensamientos–. Algunos jóvenes griegos han nacido en Alejandría. Aunque lean y escriban griego, que aprendieron con Homero, lo escriben cada vez peor. Las cartas, las ordenanzas y las circulares son redactadas por funcionarios griegos nacidos en Alejandría...

–Comprendo lo que queréis decir. Temo, incluso, comprenderlo demasiado.

Las mejillas de Apolonio se ruborizaron.

–¡Pues bien! Sólo puedo desearos una excelente estancia entre nosotros...

Alexandros esbozó una sonrisa y se despidió del dieceta con la extraña convicción de que éste le ocultaba algo.

7

Alexandros pasó el día siguiente de su visita a Apolonio recorriendo la ciudad para conocer mejor su disposición. Había seguido la Vía Canónica en toda su longitud y recorrido numerosas calles perpendiculares. Regresó por el promontorio de Loquias, al este de la ciudad, donde se había construido el palacio real, y luego se dirigió al hipódromo, al teatro y al gimnasio principal.

La tumba de Alejandro, situada en la intersección de las dos arterias principales de la urbe, la Vía Canónica y el Argens, le había impresionado. Los egipcios la llamaban el Sema. En los alrededores de la ciudad, de la que los viajeros decían que evocaba la forma de una clámide, el pequeño puerto de Canope, situado en la desembocadura del Nilo y consagrado a Isis por los egipcios, era un lugar de recreo para los griegos. Rememoraban allí el regreso del héroe Menelao, que al atracar en aquel lugar a su regreso de Troya había visto morir a su timonel, Canope, picado por una serpiente.

Dos días después de la llegada de Alexandros a la capital, todos los alejandrinos sabían que el hijo de Agathos había regresado, como si su vuelta constituyera un acontecimiento importante.

El joven macedonio se sentía constantemente observado y señalado con el dedo. No habría experimentado una sensación distinta de haber cometido un crimen o un delito. Aquella hostilidad contra él no dejaba de extrañarle. Sin embargo, cada vez que intentaba saber algo más interrogando a un ciudadano egipcio, éste lo evitaba afirmando que nunca había oído hablar de Agathos. Pensó incluso en interrogar de nuevo a la antigua empleada de su padre, que se había convertido en hechicera del viejo barrio de los judíos, pero consideró más juicioso consultar primero los archivos de la biblioteca de palacio.

Con la intención de llevar a buen fin las investigaciones que le habían traído oficialmente a Alejandría y levantar, al mismo tiempo, el velo que cubría el extraño destino de su familia, Alexandros se dirigió muy temprano a la biblioteca. Cuando Setnajt le propuso acompañarlo y guiarlo, el macedonio declinó cortésmente el ofrecimiento. Quería estar solo para consultar a su guisa cualquier documento que pudiera interesarle, y no era que Setnajt no le resultara simpático, pero comenzaba a desconfiar de todos los que se le acercaban intentando conocer sus designios.

Cuanto más buscaba un alejandrino su amistad, su complicidad incluso, más se preguntaba Alexandros por sus intenciones. ¿Qué le ocultaban? Su llegada, aparentemente apreciada por el propio rey, parecía ahora indisponer a muchos de sus súbditos. ¿Sería su deseo de permanecer en la ciudad más tiempo del previsto lo que contrariaba a tantos altos funcionarios? Los macedonios eran, por lo general, tan bien recibidos en Alejandría que aquella hostilidad sólo podía deberse a su origen. ¿Por qué se sentía Alexandros tan incómodo?

El macedonio encontró con dificultad el camino de la biblioteca, que formaba parte del palacio real. Era preciso, en efecto, atravesar numerosas estancias y corredores para llegar a ella. Entró en el palacio real con más emoción que la primera vez, pues había sabido que no todo el mundo era recibido por el dieceta o el director de la biblioteca.

El público debía aguardar las fiestas de Adonis para ser admitido en ciertos parques del barrio de palacio, que ocupaba por sí solo más de una cuarta parte de la superficie de Alejandría.

La emoción de Alexandros se mezclaba con la esperanza de hacer por fin algunos descubrimientos sobre su familia y con el gozo de trabajar en una biblioteca conocida en todo el mundo, y que no tenía más rival que la de Pérgamo.

En la entrada de la biblioteca se hallaban las preciosas colecciones de libros pertenecientes al rey. El escritor que las estaba clasificando parecía un habitual de la biblioteca. Se dirigió pues, espontáneamente, a él.

–Voy a acompañaros hasta Zenodoto, el director de la biblioteca –le dijo aquél–. ¡Es tan difícil encontrarlo en este dédalo de rollos!

Alexandros había tenido tiempo de ver los rollos que el escritor seleccionaba.

–Se trata de colecciones de libros sobre la realeza y el ejercicio del mando; Demetrio le recomendó a Tolomeo Soter que los recogiera y los leyera. Sin Demetrio, sin duda esta biblioteca no sería tan rica, aunque nos falta todavía lo esencial: los principales escritos de Aristóteles.

–Pero ¡Demetrio era discípulo de Aristóteles! –repuso Alexandros siguiéndolo por los pasadizos.

–¡Ironías del destino! Y Tolomeo no soporta que Teofrasto legara esas obras a Neleo de Scepsis. Se trataba de libros que el maestro había elaborado poco a poco, con la participación de sus alumnos. Los ejemplares son únicos y están destinados al uso del Liceo[1].

–Pero Neleo no dirigió la escuela de Aristóteles...

–No, fue Estratón, un antiguo preceptor de Tolomeo. Y a pesar de su influencia, éste no pudo recuperar las famosas obras. Es un empobrecimiento para la biblioteca.

–Pero ¡conocemos los pensamientos del maestro! El propio Teofrasto los parafraseó.

–Sólo obtuvo de ellos una horrible mezcla, pretenciosa y vaga. Ni el dinero ni los honores pudieron convencer a Neleo de que cediera sus tratados. Incluso se burló abierta-

1. La escuela de Aristóteles. *(N. de la A.)*

mente del rey dando a sus enviados algunos libros sin importancia, así como las obras que habían pertenecido a Aristóteles. «Pertenecido a Aristóteles», pero no «escritas por Aristóteles». Y hace poco he descubierto la superchería. Mirad... Están colocados aquí y registrados en el catálogo de la biblioteca con la etiqueta «bajo el reinado de Tolomeo Filadelfo, los libros de Aristóteles y de Teofrasto comprados a Neleo de Scepsis». ¡Una estafa!

El escritor parecía aún contrariado por la superchería de Neleo. Sin duda, el propio rey se había sentido furioso al ver la actitud del antiguo alumno de Aristóteles.

–Me llamo Aristóbulo, alumno de Aristeo –le dijo el escritor a Alexandros–. Aristeo hizo traducir la Biblia en esta ciudad por setenta y dos sabios judíos y, al mismo tiempo, hizo liberar a cien mil judíos prisioneros. Por consejo mío, Tolomeo favoreció la puesta en escena, en el teatro, de la historia de Moisés. Y aquí está Zenodoto, nuestro gran bibliotecario, autor de un largo poema sobre Jasón y Medea.

El bibliotecario estaba precisamente dando órdenes al poeta Calímaco, encargado de la elaboración de los *Catálogos* de la biblioteca. A éste no parecía gustarle mucho que le dirigieran así.

–¡Ah, os esperaba! –exclamó Zenodoto, y a continuación hizo las presentaciones–. Calímaco y yo os enseñaremos dónde se encuentran los *Catálogos* y cómo consultarlos. Comenzamos ya a aclararnos, pero ¡la tarea es tan vasta! El rey, en efecto, nos ha dado órdenes de reunir en Alejandría los libros de todos los pueblos de la tierra. Pasa personalmente revista a los rollos. Yo le pongo al corriente de las cifras. El rey ha dirigido mensajes a todos los soberanos de la tierra para que le envíen las obras de todos los escritores y sabios. Ha ordenado copiar cada uno de los libros que se hallan a bordo de los navíos que hacen escala en Alejandría. Nos quedamos con el original y entregamos la copia al propietario. Si vos mismo tenéis alguno, no vaciléis en confiárnoslo.

Alexandros prometió hacerlo.

–Al rey le complace mucho que estéis entre nosotros. Escribir la historia de Grecia es una tarea ardua.

–Me consagro a ella con toda el alma.

–El rey desea que escribáis lo que sabéis. Pondremos un escriba a vuestra disposición... ¡Venid! Cuando conozcáis nuestros métodos, estoy seguro de que acabaréis convencido de que semejante trabajo tiene fundamento.

–Sin duda... –murmuró el macedonio.

–Ante todo, tengo que informar al rey de vuestra presencia. Si no lo hiciera, no me lo perdonaría.

El bibliotecario indicó por señas a un escriba que tomara nota de lo que iba a dictarle.

> Zenodoto al gran rey.
>
> De acuerdo con tus órdenes de añadir a las colecciones de la biblioteca, con el fin de completarla, los libros que faltan todavía, y de restaurar los que son defectuosos, he consagrado a ello muchos desvelos y te hago ahora un informe. Alexandros Agathos llega hoy de Macedonia para trabajar en nuestra biblioteca y completar sus investigaciones sobre la historia de Grecia. De este modo hará que todos los alejandrinos y los sabios de este mundo se aprovechen de los frutos de su trabajo.

Mientras dictaba en tono firme y autoritario, Alejandro observó su pequeña estatura, su apariencia frágil y su altivo ademán. Zenodoto le había parecido, ya a primera vista, muy satisfecho de sí mismo.

–Añade la fórmula habitual –indicó éste al final con cierto desdén al escriba.

Luego llevó a Alexandros por los corredores de la biblioteca.

–He aquí las *Historias de Egipto* de Hecatero de Abdera, muy elocuentes sobre la historia de los judíos. Un emprendedor diaskeouastes[1] se encarga de la traducción de las

1. Funcionario encargado de los textos. *(N. de la A.)*

obras escritas en hebreo. Incluso fue a Jerusalén para traerse los mejores traductores. Ahí están las *Historias egipcias* de Manethon, los *Fenómenos* de Aratius, mis propias notas, y éstas son las memorias que contienen los *Catálogos* de Calímaco. Doscientos mil rollos han sido ya clasificados por géneros. ¡Ah! Una cosa más... El rey desea que los sabios que trabajan aquí reciban salario y gocen de comidas gratuitas.

Alexandros le dio las gracias y prosiguió la visita con Calímaco. Ambos se vieron rodeados de laboriosos griegos que clasificaban, copiaban, anotaban y comentaban.

–Mi catálogo sólo representa una selección de los mejores autores –le explicó Calímaco–. Si deseáis conocer más sobre determinado tema, tendréis que mirar en las estanterías. Una sola reserva: ciertos textos que figuran bajo el nombre de Aristóteles son, sin duda, falsificaciones. El rey se siente muy contrariado pues deseaba reunir todo Aristóteles para rivalizar con el rey de Libia, que colecciona las obras de Pitágoras. Me pregunto por qué Aristóteles...

Calímaco lanzó un suspiro que significaba que no apreciaba demasiado al filósofo de los *Tratados*.

–Mejor será que conozcáis la regla del juego: evitad criticar las decisiones del rey. Algunos han sido condenados a muerte por haber hablado mal de Homero. Y ni una palabra sobre nuestra rival, la biblioteca de Pérgamo. El rey la vigila muy de cerca...

8

Alexandros descubriría muchas otras curiosidades en el seno de la prestigiosa biblioteca, pues algunos falsificadores se habían acostumbrado a explotar la rivalidad entre Tolomeo y el rey de Libia. Ofrecían al rey rollos de falsos textos antiguos restaurados o falsificaciones tan buenas que Zenodoto las aceptaba, a veces, por miedo a que las ofrecieran a la biblioteca de Pérgamo. En ocasiones lo auténtico se mezclaba con lo apócrifo tan hábilmente que era difícil separar lo uno de lo otro.

Calímaco ponía todo su celo en descubrir si la nueva *Filípica* de Demóstenes que había comprado el rey de Libia era auténtica, tanto más cuanto que iba acompañada por una supuesta *Carta de Filipo* dirigida a los atenienses.

Convencido de que el texto se hallaba en las *Historias filípicas* de Anaxímenes de Lampsaco, Calímaco examinaba cada libro, uno tras otro, lo que no impedía que el rey deseara adquirirlo.

Asimismo, Tolomeo conservaba con esmero el texto *Sobre Haloneso* de Demóstenes, mientras Calímaco intentaba hacerle saber que el autor era su amigo Hegesipo.

La rivalidad entre las dos bibliotecas había aumentado desde que Egipto había decidido interrumpir la exportación de papiro, privando con ello de material de escritura a la biblioteca de Pérgamo.

Alexandros comprendió muy pronto que los de Pérgamo estaban más empeñados en traducir los textos antiguos que en poner de relieve su sutileza. Lanzó un profundo suspiro al contemplar las estanterías que revestían las paredes del museo anexo, donde se acumulaban miles de rollos de papiro cuidadosamente etiquetados.

En cuanto hubo descubierto los temas que le interesaban, buscó el lugar donde Calímaco los había clasificado. Luego se internó por entre los anaqueles. Las obras de Alejandro Magno eran tan numerosas que Alexandros sólo tuvo que elegir. Extrajo un primer rollo y se sentó a una mesa de trabajo. Sus investigaciones sobre la historia de Grecia se habían detenido, precisamente, en las últimas conquistas de Alejandro.

Mientras tomaba notas, una joven le pidió permiso para sentarse a su lado. Asintió con un susurro, sin levantar la cabeza del manuscrito. Había puesto ante sí su material, de modo que su nueva vecina creyó oportuno empujar delicadamente, hacia él, cálamos y rollos de papiro.

–¡Oh! ¡Perdón!

–No importa –dijo ella dirigiéndole una sonrisa.

Su rostro claro, de óvalo perfecto, enmarcado por una cabellera castaña con ligeros reflejos rojizos, gustó enseguida a Alexandros.

–Soy la hija de Zenodoto.

–Y yo, Alexandros Agathos.

–Lo sé –respondió ella con malicia–. No os molestéis por mí. Vengo a ayudar a mi padre.

Alexandros reanudó su lectura a la par que lanzaba frecuentes miradas a su compañera de trabajo. Pero muy pronto, los textos que estaba leyendo le acapararon por completo.

«A la muerte de Alejandro, Perdicas fue nombrado custodio de los hijos reales pero fue asesinado. Los descendientes de Alejandro fueron muriendo uno tras otro en Macedonia. Los sátrapas se convirtieron en soberanos del territorio que gobernaban. Tolomeo Soter era dueño de Egipto.

»Hijo adulterino de Filipo de Macedonia, pero oficialmente hijo de Lagos, Tolomeo Soter había seguido a su hermanastro Alejandro a lo largo de toda su carrera. Era entonces caballerizo mayor. Cuando uno de los oficiales superiores de Alejandro manifestó el deseo de instalarse en

Egipto y convertirse en su sátrapa, Tolomeo Soter fue al encuentro de Alejandro y le reclamó el gobierno de aquel país en nombre de su afecto.

»Alejandro dudó mucho, pues apreciaba también a Agathos que, pese a su juventud, formaba parte de su guardia real y deseaba instalarse en Alejandría...»

Alexandros volvió a leer el párrafo otra vez. ¿Era posible que su padre hubiera sido un brillante oficial de Alejandro Magno y su tío se lo hubiera ocultado?

Tomó precipitadamente otros manuscritos y los desenrolló con impaciencia. Ningún escrito evocaba aquella rivalidad entre el primer Tolomeo y su padre, pero su imaginación había despertado. ¿Qué habría ocurrido si, antaño, Alejandro hubiera elegido a su padre como sátrapa en lugar de a Tolomeo? Agathos habría reinado en Egipto y tal vez él mismo fuera hoy rey de ese país. ¿Tendría ese descubrimiento alguna relación con el asesinato de su familia?

A la muchacha le divertía mucho la agitación del macedonio.

–Es satisfactorio comprobar que el trabajo de mi padre no es inútil –le dijo mientras él afilaba su cálamo.

Sin responderle, Alexandros se apresuró a copiar los párrafos que podían serle útiles, luego se levantó, guardó el material y se despidió con una rápida inclinación de cabeza.

–Hasta pronto –le dijo ella riendo.

Cuando regresó a su casa, Alexandros tuvo una desagradable sorpresa al leer varias amenazas en la puerta de su habitación. Habían sido escritas en griego, con cal, y le trataban de «hijo de la muerte». Eso lo contrarió.

Le aguardaba un pliego. El dieceta le informaba del regreso del rey, que le daba la autorización para reconstruir la casa de su padre y acondicionar la propiedad.

El dieceta insistía de nuevo en la dificultad, para un «verdadero griego», de vivir en Alejandría y le aconsejaba abandonar la ciudad en cuanto hubiera concluido su trabajo.

«Os escribo esto por amistad hacia vuestro padre. No malinterpretéis mis intenciones», aclaraba el dieceta.

«¿Será realmente mi aliado?», se preguntó Alexandros mientras salía de nuevo para leer las amenazas anónimas en la puerta.

–No os preocupéis –le dijo Setnajt, que le había oído llegar–. Eso es algo corriente. Los egipcios se vengan a veces así de las ventajas que el rey concede a los griegos. Haré que limpien la puerta.

Una mujer acompañaba a Setnajt. Era hermosa, pero su modo de hablar era directo y el tono de su voz seco y desagradable. Iba vestida a la griega; la parte alta de su túnica dejaba al descubierto el nacimiento de sus pechos; parecía evidente que le gustaba provocar. Elegantes cintas adornaban sus cabellos trenzados y reunidos en un moño. La blancura de su piel ponía de relieve la negrura de sus ojos, maquillados con *khol*, y el rojo de su boca.

Setnajt la miró y suspiró profundamente.

–Ya te dije que no te pusieras ese carmín en los labios. ¡Pareces una hetaira!

La mujer se encogió de hombros sin responder.

–Es mi hermano –aclaró–, pero se cree mi padre. Claro que tiene excusa. ¡Nuestro padre se ocupó tan mal de nosotros!

Setnajt manifestó su enfado.

–¡Eso no le importa a Alexandros, Neferet!

–¡Pues estoy segura de que todo lo que me concierne interesa a Alexandros! Mirad, nuestro padre, durante toda su vida, sólo pensó en ampliar su propiedad. Hoy posee un inmenso olivar. Desde la infancia sólo oigo hablar de olivos, de aceite y de dinero. Todos los atletas desfilan por casa con su alabastro[1] antes de dirigirse al gimnasio o a la palestra.

1. Recipiente para aceite. *(N. de la A.)*

Tengan o no medios para pagar, mi padre les vende su aceite a un precio muy alto y mi madre lleva la contabilidad.

–¡Neferet! –gritó Setnajt, indignado.

–¡Qué pasa! ¿No tengo razón?

–Siempre se comporta así –le dijo Setnajt a Alexandros, que incómodo, sólo deseaba despedirse de ellos para consultar las notas que acababa de tomar en la biblioteca.

–No me gusta que me ignoren –añadió Neferet–. Creo, Alexandros, que no me habéis mirado todavía. Y, sin embargo, tendría que gustaros, al parecer soy muy bonita.

Comenzó a girar a su alrededor, luego le tomó del brazo y le hizo entrar en el aposento.

–Venid a reuniros conmigo aquí, una noche. Así conoceréis la tierra de mi padre. –Le entregó un pedazo de papiro arrugado–. La noche que queráis –murmuró besándole en la mejilla–. Os esperaré. Sé que vendréis.

–Tal vez... –dijo Alexandros recuperando su seguridad.

–Cuidado con ella –le advirtió Setnajt–. ¡Es temible!

Ambos hermanos intercambiaron entonces una sonrisa cómplice, de la que el macedonio no supo qué pensar. Luego Neferet se inclinó para coger el gato, que se frotaba ronroneando contra su túnica.

–*Ramsés* es siciliano –dijo besándolo–. Siembra el terror en todos los patios de las granjas. Es un auténtico salvaje y, si no os inclináis a su paso, es capaz de morderos.

–Como vos.

–¡Por fin os dignáis verme! ¿Creéis que me parezco a él? ¡Bueno!, mejor así. Los que ronronean junto a mí no lo lamentan nunca.

9

Alexandros se dirigió a casa de su padre sin más tardanza. Vio de nuevo los arruinados muros con mucha emoción. Para poder circular a su guisa por la ciudad, había alquilado por treinta días un carro de dos ruedas que él mismo conducía. Se había provisto también de algunas herramientas pues su intención era demoler personalmente las escasas paredes de la mansión que seguían en pie.

Cuando llegó al lugar, tuvo la desagradable impresión de que alguien se había instalado allí. Habían encendido una hoguera. Restos de carne habían sido abandonados bajo el olivo.

«Es hora ya de que me ocupe de todo eso –se dijo–. En cuanto haya derribado esas paredes, elegiré al mejor arquitecto de Alejandría.» Con la ayuda del plano que le había hecho llegar el dieceta, Alexandros pudo recorrer los límites de la propiedad que le pertenecía. Luego, tomó una enorme maza y puso manos a la obra. La emprendió primero con la parte mejor conservada. El muro no resistió demasiado tiempo los repetidos golpes del macedonio, que trabajó así durante horas.

El sol bajaba ya hacia el occidente cuando descubrió, oculto bajo una piedra, un pequeño cofre de marfil maravillosamente cincelado. En los costados estaban representadas las Musas con sus atributos y, en la tapa, se veía Heracles luchando contra el toro de Cnosos. Muy intrigado por el descubrimiento, Alexandros abrió inmediatamente el cofre y descubrió joyas de oro y piedras preciosas que centellearon al sol.

–¡Caramba! ¡Es increíble!

Hizo girar entre sus dedos un broche de túnica, de oro, y algunos dijes de plata y lapislázuli que representaban escarabajos.

–Recuerdo estos dijes. Pertenecían a mi madre. Cuando se inclinaba hacia mí, yo temía que me tocaran pues imaginaba que estaban vivos.

Examinó una a una las joyas, las contempló largo rato tratando de recordar y las apretó con fuerza en su mano, satisfecho de que los dioses facilitaran su tarea. En el fondo del cofrecillo encontró, enrollados, tres pedazos de papiro atados con cintas de distintos colores.

Alexandros saltó del lienzo de pared en el que se había encaramado. Se sentó a la sombra del olivo y comenzó a leer atentamente el contenido de los papiros. Desenrolló primero el que estaba atado con una cinta roja y descubrió un reconocimiento de deuda en favor de su padre, Agathos, firmado por Zenodoto. Así que el bibliotecario del rey debía una gran suma de dinero a su padre. ¡Se había guardado mucho de comunicárselo a Alexandros!

El segundo papiro era también un reconocimiento de deuda, firmado por un tal Iyi Tusert. Por lo que al tercero se refiere, estaba firmado por Apolonio Petros.

–¡Todo eso supone una considerable suma de dinero! He aquí, sin duda, la razón por la que asesinaron a mi padre y mi familia. Pero ¿cuál de ellos puso en práctica el proyecto? ¿Estaban conchabados en este sucio asunto? ¡Juro que mataré al asesino o asesinos de mi padre! Ante todo, debo llegar a conocer bien a los tres personajes que me deben dinero.

En ese instante oyó un ruido procedente de la pared que había comenzado a derribar. En un abrir y cerrar de ojos se levantó y corrió hacia allí. Pronto alcanzó al misterioso intruso.

–¿De nuevo tú?

La hechicera que había conocido en su primera visita se ruborizó.

–¡Que Plutón te lleve! ¿Cómo me has oído?

–¡Ésa no es la cuestión! ¿Qué estás haciendo aquí? ¿Encendiste tú esta hoguera? ¿Ejerces aquí tus prácticas de brujería? ¿Hasta ese punto te inspira el olor de la muerte? Estoy seguro de que sabes más de lo que dices. ¿Qué me ocultas? ¿Por qué me espías? ¿Hablarás de una vez?

–Escucha –le respondió la vieja–, voy a confesarte algo, aunque con una condición.

–¿Cuál?

–Que abandones Alejandría en cuanto hayas terminado tus investigaciones en la biblioteca. ¡No remuevas el pasado! ¡No te instales aquí! El peligro te acecha.

Alexandros estaba a punto de encolerizarse cuando optó por otra solución.

–¡Sea! Veré que...

–¡Prométело!

–Sí. Sí... Lo prometo. ¿Y bien...?

–El otro día no te lo dije todo...

La vieja vaciló y Alexandros, impaciente, le indicó por signos que siguiera hablando.

–De hecho, el día del crimen...

–¿Sí?

–Cuando llegué, una mujer se movía todavía. Al verme levantó el brazo hacia el más pequeño de los niños, que se había refugiado en un cofre. Luego su brazo cayó. Había muerto. Entonces, abrí la tapa del cofre y...

–Me descubriste.

–Sí. Temblabas y estabas herido. No comprendías lo que acababa de pasar y, sin duda, no lo habías visto todo.

–Me refugié allí porque tenía miedo. Pero ¿de qué? No lo recuerdo.

–Había sangre por todas partes. Te saqué del cofre y te llevé conmigo. En el camino al centro de la ciudad encontré al hombre encargado de la seguridad. Le conté lo que había visto y te entregué a él.

–¿Conoces a un tal Iyi Tusert?

–Sí –reconoció la vieja de mala gana–. Tiene un olivar, sin duda el más grande de los alrededores de Alejandría.

–¿Un olivar, dices?

–Es muy rico. ¿Por qué me haces esa pregunta?

–¿No tendrá un hijo llamado Setnajt?

–Eso es. ¿Conoces a Setnajt? Es un buen muchacho. ¡Mucho mejor que su padre!

–¿Y su hermana se llama Neferet?...

–¡Una verdadera bruja! Aunque, en el fondo, creo que no es tan mala como dicen. No ha tenido mucha suerte en su vida. Su padre la ha tratado siempre con dureza y su marido era implacable. Murió el año pasado.

–Ahora, déjame solo –le dijo Alexandros–. Necesito pensar.

El joven macedonio llevó el cofre que había descubierto a la habitación que ocupaba. Lo guardó cuidadosamente y clasificó los reconocimientos de deuda en el orden que deseaba seguir para sus investigaciones.

–Si los tres hombres son cómplices del asesinato, los mataré uno tras otro y por este orden. Pero, antes, quiero conocerlos, a ellos y a sus familias.

Extendió el pedazo de papiro que Neferet le había dado y se prometió ir a verla aquella misma noche, tras haber consultado los archivos de la biblioteca. Se preguntaba por qué los tres hombres le habían pedido un préstamo monetario a su padre. ¿Cuál era su situación veinte años antes? ¿Cómo unos altos funcionarios podían tramar el asesinato de toda una familia?

Acabó convenciéndose de que aquélla era, sin duda, la causa de que la investigación se realizara de cualquier modo y hubieran echado tierra sobre el asunto. Si la justicia de Alejandría se negaba a realizar su trabajo, los dioses de la venganza sabrían ayudarle. Alexandros estaba decidido a no dejar impune el asesinato.

10

Alexandros durmió con un sueño agitado. Se levantó varias veces durante la noche para leer los documentos que acababa de descubrir. Al amanecer corrió a la biblioteca del barrio de Bruchion con la intención de pasar allí el día, y comer incluso, como hacían los demás sabios invitados por el rey que, en su mayoría, se alojaban en un gran edificio contiguo a palacio. Sería para él la ocasión de descubrir la cofradía del culto a las Musas, cuyo sacerdote elegían esos sabios y de la que el dieceta le había pedido que formara parte.

Gracias a la clasificación de Calímaco, Alexandros había conseguido orientarse muy pronto entre los anaqueles de la biblioteca. No juzgó necesario molestar al poeta, que trabajaba con uno de sus alumnos. Encontró muy pronto la estantería adecuada, en la que se guardaban cartas y comentarios. Dejó a un lado la correspondencia de Arquímedes y la de Euclides.

–Veamos... ¿Dónde puedo encontrar elementos sobre la vida de estos tres hombres? –se preguntó Alexandros–. Aquí están las notas de Aristarco sobre errores de transcripción de textos. Y aquí las observaciones de Zenodoto sobre la necesidad de comparar las distintas copias antes de la edición.

Alexandros tomó un rollo.

–¡Caramba! Un tratado sobre Artiloco.

–¿Os sumís en mi prosa?

Alexandros reconoció la voz de Calímaco.

–¡No creo que encontréis aquí nuevas indicaciones sobre la historia de Grecia! Sólo hay cartas y anotaciones bastante aburridas...

–No quiero dejar nada al azar... La literatura griega forma parte también de la historia de nuestro país...

–Ya veo... Os presento a Hermipo, que desea comer con vos para conoceros mejor... Hermipo es uno de mis alumnos, junto con Aristófanes. Nadie conoce mejor que él la magia o la astrología. Ha emprendido una tarea monumental.

–Calímaco no se equivoca –reconoció el interesado–. Actualmente comento los dos millones de versos compuestos por Zoroastro. Los completaré con un índice.

–Los sacerdotes egipcios tienen fama de ser maestros en ese terreno. Conocen los vínculos que unen las cosas de aquí abajo con los espíritus.

–Es cierto –reconoció Hermipo–, y estoy impaciente por hablar de ello, largo y tendido, con vos.

Alexandros reflexionó unos instantes.

–Tal vez podáis ayudarme –le dijo–. He conocido a una hechicera cerca del barrio de los judíos. Pero he olvidado su nombre. Sin duda la conocéis...

–Conozco efectivamente a todas las mujeres que practican la magia en Alejandría.

El macedonio le hizo una precisa descripción de la vieja.

–Me extraña –le dijo, escéptico, Hermipo–. Estáis describiendo a una persona a la que nunca he visto. Y os aseguro que conozco a todas las hechiceras de la ciudad.

–Sin duda alguna ejercen sus actividades en total secreto.

–Pero ¡también las conozco!

–Entonces he debido de equivocarme...

El astrólogo se despidió y lo citó para últimas horas de la mañana.

–Amigo mío, creedme, no encontraréis aquí nada fructífero –insistió de nuevo Calímaco, sonriente–. Estáis ante las reflexiones de Teofrasto sobre las costumbres judías y ante las de Megástenes sobre los judíos sirios y los brahmanes.

–Cuando me conozcáis mejor –dijo Alexandros con ironía–, sabréis que no dejo nada al azar. ¡Nada! He oído decir que habíais reforzado las estructuras administrativas de la ciudad y que pretendíais que se registraran aquí todas las transferencias de propiedad, las disposiciones testamentarias, las ventas de casas y tierras y los bienes hipotecados.

–¡Ah! ¡Es eso! Si estos son los expedientes que buscáis, éste es efectivamente el lugar adecuado, pero si deseáis encontrar detalles sobre la rivalidad de Egipto con Demetrio Poliorcetes tenéis que pasar al otro lado...

–Os lo repito: me interesa todo. Zenodoto también. Porque fue el preceptor del rey. ¿Acaso Tolomeo, el segundo de su nombre, no forma parte para vos de la historia de Grecia?

–No me arriesgaré a contestar que no –bromeó Calímaco–, por miedo a terminar como el creador de esta biblioteca. ¡Acepto su función pero no su fin! Es muy peligroso no reconocer el poder de Tolomeo. Por cierto...; hablando de Zenodoto, ayer su hija os buscaba. Me preguntó por vos.

Alexandros no pudo ocultar su sorpresa. Se ruborizó ligeramente.

–Se llama Helena –añadió Calímaco, sonriente.

–Si necesita alguna información, que venga a buscarme –respondió con frialdad Alexandros, molesto por el tono burlón del poeta, que parecía regentar el lugar con voz doctrinal y didáctica.

Calímaco fue a deambular entre los anaqueles, envuelto de modo magistral en su túnica, con la frente levantada y barriendo con un gesto desdeñoso de la mano a todos los que se interponían en su camino.

En cuanto estuvo solo, Alexandros comenzó a consultar las actas de compras de casas y terrenos que pudo encontrar. En tiempos de su padre, Zenodoto de Éfeso era sólo un modesto poeta épico. Era también gramático y autor de la primera edición crítica de los poemas homéricos. Había sucedido a Filetas de Cos, su maestro, en el cargo de preceptor real del joven Tolomeo II. Muy joven todavía, Aristófanes de Bizancio asistía a sus clases. Tolomeo en persona le había confiado trabajos de edición sobre poesía, al igual que había encargado a Alejandro de Etolia las obras trágicas y satíricas y a Licofrón la comedia.

La atención que Zenodoto prestaba a las palabras le había hecho establecer una lista de vocablos poéticos, clasificados por orden alfabético. Por primera vez desde la edición de textos épicos, un corrector podía determinar la autenticidad de los versos que corregía. Puesto que la biblioteca había recogido numerosas copias del texto homérico, Zenodoto seleccionó la versión que le había parecido más verosímil. Pero también había tomado, de los demás manuscritos, versos mejores que los del texto de referencia.

Varios detractores se habían opuesto con ferocidad a los métodos de trabajo de Zenodoto, basados en la subjetividad. Le reprochaban que se dejara guiar por principios estéticos, por una conveniencia moral y religiosa y por una voluntad de coherencia en exceso rigurosa.

Alexandros no pudo resistir la tentación de consultar las anotaciones de Zenodoto. Tras haberse asegurado de que el corrector no se hallaba por allí, buscó su edición de la *Ilíada* y la desplegó con cuidado. Ante los versos 4 y 5 de la obra homérica, Zenodoto había trazado, efectivamente, una raya horizontal, condenándolos. También había sustituido una palabra por otra considerada más apropiada.

Zenodoto era, evidentemente, un hombre escrupuloso que no se dejaba impresionar por la magnitud de la tarea.

Alexandros advirtió que había adquirido una gran propiedad un año antes de la muerte de su padre. ¿La habría comprado con el dinero que Agathos le había prestado?

El macedonio no descubrió nada notable sobre la vida de Iyi Tusert. Modesto comerciante, había hecho una rápida fortuna vendiendo sus aceitunas y veinticinco años antes había comprado su olivar. Iyi Tusert había destacado, sin embargo, en la lucha que enfrentó a los reyes de Egipto con los soberanos de Asia por la posesión de la costa fenicia, Siria del sur y Palestina. Los Tolomeos consideraban que esos territorios eran dependencias de su imperio. Los bosques de Siria producían madera de construcción, y las montañas los metales necesarios para la fabricación de los bajeles egipcios.

Curiosamente, Iyi Tusert había viajado a Macedonia cuando aquel país se enfrentaba, unos años antes, con los invasores galos. Había conocido al rey Antígono antes de que éste fuera dueño de Grecia y Macedonia, en la época en que Pirro intentaba derrotarlo y apoderarse de Grecia.

–Me pregunto por qué un egipcio como Tusert fue a Macedonia, sumida en una total anarquía entonces, si nosotros mismos sólo pensábamos en abandonar la región.

Alexandros suspiró mientras pensaba con qué dificultad soportaban ahora los griegos el yugo del rey Antígono, que había instalado, hacía ya dos años, guarniciones y tiranos en numerosas ciudades.

Apolonio el dieceta le reservó otras sorpresas. Como había viajado por el mundo entero antes de instalarse en Alejandría, era muy difícil seguir paso a paso su recorrido.

Alexandros se extrañó de su rápido ascenso. Sin embargo, Apolonio había destacado también en numerosas expediciones. Formó parte, en el 313, de la expedición encargada de sofocar la revuelta de Cirene, que se negaba a ser una provincia sometida a Egipto, y en el 308, se había unido al ejército del primer Tolomeo para dominar la misma región, en perpetua rebelión.

Apolonio había asistido también a la toma de Chipre por Egipto y a las luchas de Asia y Egipto por la conquista de Palestina. Había apoyado a la reina Arsinoe, que quería ocupar la costa occidental del Mar Rojo para destruir así el control que Asia ejercía sobre el comercio entre Egipto y Oriente. Aunque llegó a invadir Damasco, Tolomeo había preferido batirse en retirada ante el enemigo, pero aquella primera guerra siria había concluido en un tratado favorable para Egipto, del que Apolonio estaba muy orgulloso. Sin embargo, en Alejandría era *vox populi* que Asia soportaba a duras penas la brutalidad de la dominación egipcia. La misión en la que Apolonio había tenido más responsabilidades era, sin duda, la que lo había llevado a Roma. Durante la guerra entre Roma y Pirro de Epiro, Tolomeo lo había convertido en su embajador para ofrecer a los romanos el apoyo del rey de Egipto.

Mientras proseguía sus investigaciones sobre Apolonio, Alexandros descubrió ciertas informaciones sobre el trabajo de su padre.

«Agathos, el eklogista –leyó en voz baja–, se encargaba de la verificación de las cuentas. Trabajaba con el controlador y el escriba real que supervisaban la maquinaria administrativa, los archivos y los asuntos fiscales. Verificaba que el grano no consumido se vendiera en beneficio del Tesoro, que otros productos se vendieran en provecho del rey: la uva que producía el mejor vino, el sésamo y el ricino, que se transformaba en aceite, el lino, que producía telas, los tallos de papiro, que se convertían en papel. Controlaba la llegada de productos procedentes del centro de África, supervisaba el cobro de las tasas y gastos portuarios y el rendimiento de las manufacturas de lino que constituían la principal industria de los templos.»

Alexandros estaba tan absorto en su lectura que no advirtió que la hija de Zenodoto se sentaba junto a él.

«Agathos controlaba también a los ecónomos encargados de la distribución de las raciones alimenticias al personal de los templos, en perfecto acuerdo con los sumos sacerdotes. Nada se le escapaba, ni los impuestos rurales sobre el trigo y el vino que pagaban los templos ni la tasa de iniciación que cada sacerdote debía al rey. Ninguna restauración de edificios, ni ninguna construcción se iniciaba sin la conformidad del rey, que consultaba antes a Agathos.

»Puesto que cada provincia tenía su cuerpo de funcionarios, la gestión de esa burocracia les daba al dieceta y a su contable un papel esencial.»

–¡Bueno! ¡Seguís muy ocupado! –exclamó Helena.

Alexandros dio un respingo.

–¡Ah! ¿Sois vos?

–No parecéis encantado de verme.

Alexandros se dio cuenta de que su reacción no había sido demasiado halagüeña.

–Perdonadme...

–¿Puedo ayudaros?

–No. Además, ya he terminado y me voy a comer...

–Tal vez podamos hacernos compañía...

–Me esperan...

–Ya no. Lo he arreglado todo con Hermipo.

Alexandros se disponía a protestar cuando consideró preferible dejar que el destino siguiera su curso. La muchacha mostraba una sonrisa que desarmaba, y le pareció más bella aún que la primera vez. Su piel cobriza ponía de relieve sus grandes ojos y su rostro brillaba como un fruto maduro al sol. Cada uno de sus gestos estaba lleno de una gracia natural.

–Os parecéis a vuestro padre –le dijo de pronto Alexandros.

–Eso creo –le replicó ella mientras seguía sonriendo.

11

Helena había considerado preferible mordisquear algunas aceitunas y tortas de queso mientras caminaban, antes que sentarse a la mesa de los eruditos de la biblioteca.

Alexandros la había acompañado de buena gana por los jardines contiguos al palacio real. Luego, los dos se habían dirigido a orillas del mar, hablando unas veces largo rato o en silencio otras.

Helena se detuvo para mirar a una egipcia que hilaba y tejía en el umbral de su puerta. Trabajaba el algodón, la seda, el lino y otras fibras traídas a Egipto desde el extranjero. Con el *byssos*[1], confeccionaba las telas más finas y ligeras, las que usaban los sacerdotes y los habitantes acomodados. Con la lana hacía anchas alfombras, tapices de originales dibujos y ropa de abrigo. Una inscripción colocada a su lado indicaba que usaba lana de Xois, muy apreciada, y también de Cirenaica, Chipre y Mileto.

En la trastienda, un hombre de más edad, su padre probablemente, teñía aquellas telas con púrpura fenicia.

Como también vendía ropa comprada en Menfis, Buto y Tyndaris, Helena desplegó las más bellas túnicas.

–Ésta parece gustaros más que las demás –observó Alexandros entre sonrisas.

–Sus colores son muy variados –murmuró Helena mientras ponía la tela ante ella.

–Y os sientan muy bien. Permitidme que os la ofrezca...

Helena se negó enseguida.

–Sería indecente. ¿Qué pensaría mi padre? Ya estoy paseando con vos, de modo que un vestido... Es tan íntimo.

1. El lino. *(N. de la A.)*

–Tenéis razón –reconoció Alexandros al advertir su torpeza–, pero deseo haceros un regalo. Elegid otra cosa: un collar, un cofre para las joyas...

La llevó hacia unas chucherías de madera hábilmente esculpida. El ébano de Etiopía se mezclaba con la tuya de Cirenaica, pero algunos objetos más ordinarios habían sido tallados en las maderas locales, la acacia y el sicomoro.

Helena contempló con admiración las joyas de mármol y marfil incrustadas de piedras preciosas, los cofres de ónice y los cristales de lujo.

–He encontrado lo que os conviene –le dijo Alexandros–. Perfume de mirra o de incienso. Ved... esas redomas de cristal teñido, en forma de calabaza...

La joven se sintió turbada de nuevo. No quería aceptarlo, pero Alexandros había pagado ya al mercader.

–Así pensaréis en mí cada vez que os perfuméis –le dijo con alegría Alexandros.

–¿Tan importante es para vos?

El macedonio se ruborizó.

–Perdonadme, no quería heriros. Creo en lo que he dicho de todo corazón.

Encantada, Helena tomó la redoma en sus manos y a Alexandros del brazo con la mayor naturalidad del mundo. No escuchaba ya a los vendedores de cangrejos que gritaban en las inmediaciones del puerto. Le parecía que los mercaderes de pimienta de Libia, vinagre, pescados salados de Mendes y Moeris y de vino mareotita estaban al otro extremo de la ciudad. Abordada por los habitantes de Cirene, que vendían sus jamones, su mostaza y sus pastas de aceite recién salidas del horno, Helena los trataba con indiferencia, con la mirada perdida. Esbozando una tranquila sonrisa en los labios, estrechó en su mano la redoma de perfume y, luego, la colocó en un emplazamiento concebido para ello, colgado de una cadena que llevaba alrededor de su largo y fino cuello. Cuando la redoma estuvo así junto a su pecho, tomó de nuevo el brazo de Alexandros y caminó con orgullo a su lado. Las griegas, por lo general, evitaban salir sin esclavo, y mucho más si lo hacían acompañadas por un hombre al que apenas conocían.

Aunque al principio tuvo intención de interrogarla acerca de su padre, Alexandros olvidó esas primeras intenciones porque sintió un gran placer pasando la tarde con la hija de Zenodoto. Pronto sólo vio en ella una compañera inteligente, agradable, dulce y humana, sensible al bienestar de los egipcios y de los habitantes de Alejandría, ya fueran éstos extranjeros o autóctonos.

Cuando regresó a su casa, Alexandros estaba profundamente turbado. Helena prescindió de las conveniencias y le acompañó hasta la puerta de su aposento. Pero, cuando se separaban ya, apareció una mujer en el marco de la puerta vecina. Hasta entonces se había mantenido en la sombra, escuchando la conversación.

–¡Neferet! –exclamó Alexandros.

–¡Sí, soy yo! Te esperaba, Alexandros. Regresas muy tarde.

–No creo que deba rendiros cuentas.

–Te esperé en mi casa... Me habías prometido venir.

–No prometí nada, Neferet. ¡Dejad ya de mentir!

–Tú eres el que miente, Alexandros. Cuidado, Helena, este joven miente a las mujeres.

Helena quiso retirarse, pero Alexandros la retuvo.

–¿Cómo conocéis mi nombre? –preguntó ella.

–¿No sois Helena, la hija de Zenodoto? ¡Vamos! Todos los alejandrinos conocen a Zenodoto y, por lo tanto, todos los alejandrinos conocen a su hija.

Neferet daba vueltas en torno a la muchacha, mirándola de arriba abajo.

–No estáis nada mal, Alexandros tiene buen gusto.

–Ya basta, Neferet, de lo contrario vuestro hermano será informado de vuestro descaro. Sois muy osada para ser egipcia.

–¡Ah, ése es el problema! Soy egipcia, y Alexandros Agathos es de Macedonia, la perla de Alejandría.

–No seáis estúpida, Neferet. Nunca he desdeñado a los autóctonos.

–Pero los alejandrinos desconfían de vos. Dicen que habéis venido a vengar a vuestra familia. ¡Habéis sido enviado por el dios de la cólera! ¡Traéis pues, con vos, la maldición!

–No la escuchéis –indicó Alexandros a Helena–. ¡Es la locura quien habla, y no esta mujer!

–Muy al contrario, ¡escuchadme! Alexandros trae con él la desgracia. ¡Tengo las pruebas!

Luego huyó profiriendo nuevas amenazas.

Cuando entró en su casa, Alexandros corrió hacia el cofre que contenía los reconocimientos de deuda, que había dejado sobre su mesa de trabajo. Lo abrió pensando en sus lecturas de la mañana y en la larga jornada con Helena.

¿Qué iba a decidir si Zenodoto estaba implicado en el asesinato de su familia?

Desenrolló otra vez los documentos y dio un respingo. Alexandros estaba seguro de no haberlos ordenado de aquel modo. Alguien había entrado en su habitación y los había leído. Alguien lo seguía y lo observaba. Lo presentía.

Pensó en Neferet; nada más fácil para ella que tomar la llave de su habitación de los aposentos de su hermano e introducirse en la estancia sin ser visto. Tenía la posibilidad de hacerlo, y la audacia necesaria. ¿Acaso por ello afirmaba tener la prueba de que había venido a vengarse? ¿Habría comprendido que su padre estaba en peligro si Alexandros descubría que era culpable?

Para estar por completo seguro, Alexandros decidió hacer una visita a la propiedad de su padre.

12

Zenodoto entró en su casa preocupado. Su familia estaba ya sentada a la mesa cuando colocó los rollos en los que trabajaba en un cofre de su habitación. Luego, bajó a cenar con aspecto sombrío.

Era tan puntilloso en su atuendo como en su trabajo. Tenía los gestos elegantes de los cortesanos de Tolomeo.

Su mujer mostraba, también, un orgullo proporcional a los honores que su ilustre esposo recibía. Llevaba una larga túnica sujeta en el hombro por una fíbula de oro, muy cara, en la que habían cincelado una escena de la *Odisea*. Llevaba los cabellos peinados en un moño, rodeados por una cinta y decorados con alfileres de plata.

Helena y su madre, Letho, habían comido ya un plato de lentejas cuando Zenodoto se reunió con ellas.

–¡Qué cara traes! –exclamó Letho–. Ya están otra vez esos pájaros enjaulados molestándote por tus correcciones. ¡Deja que hablen! Son todos unos celosos. Te envidian porque eres el verdadero responsable de esta biblioteca y nuestro rey te cubre de honores.

–No, no, Letho. No tiene nada que ver. Estoy cansado, eso es todo.

–Está claro que la velada se anuncia muy triste. Helena no ha dicho ni una palabra desde que ha regresado. Los días que pasáis en la biblioteca no os sientan muy bien...

La sierva colocó ante él un plato de lentejas y, luego, con un cucharón tomó de una crátera vino de Lesbos y llenó una copa de plata con las asas en forma de sirena. Aquella vajilla tan especial era prueba de la riqueza de su propietario.

Como Letho lo observaba en silencio, Zenodoto se adelantó.

–¡Mejor será que te lo diga! Me preocupa el joven macedonio que acaba de instalarse en Alejandría.

Helena levantó de inmediato los ojos hacia su padre. Temía que los hubiera visto juntos y que su complicidad le hubiese disgustado.

–Padre –comenzó–, precisamente...

Pero Zenodoto la interrumpió.

–Luego veremos; déjame primero que hable con tu madre.

Tras un silencio, prosiguió.

–Bueno. Calímaco me ha dicho que el tal Alexandros no trabaja demasiado en su historia de Grecia desde que llegó. Lo ha sorprendido ante los anaqueles de cartas, actas de venta, compras de terrenos... Está claro que Alexandros no ha venido sólo para estudiar y escribir. Dicen que quiere que reconstruyan la casa de su padre. En la ciudad se dice que ha venido a vengar a su familia.

–¿Y qué mal hay en ello? Presenciar el asesinato de tu familia es sencillamente horrible –replicó Helena con vivacidad, pero se excusó al punto por su intempestiva intervención.

–Ahora lo comprendo –dijo Letho–. He oído decir que Alexandros era hijo de Agathos...

–Eso es.

–Y tú le debías dinero a Agathos.

–Sin él, no habríamos podido construir esta propiedad.

–¡Muy bien! ¡Devuélveselo a su hijo!

–No lo comprendes, Letho. Si Alexandros se entera de que le debía esa suma de dinero a su padre, pensará también que soy su asesino. Cierto es que, por aquel entonces, me habría resultado imposible respetar los plazos de mi compromiso.

–¡Alexandros no tiene por qué saberlo!

Zenodoto se encogió de hombros. En el silencio de la noche se oían las olas que rompían contra los espigones del puerto.

–Alexandros consultará el acta de venta de nuestra casa y le será fácil conocer la situación financiera en la que nos hallábamos en aquel momento.

–Pero bueno, Zenodoto, ¿por qué no quieres que hurgue en el pasado? ¿No es normal, acaso, que intente saber quién asesinó a su padre? Pero no por ello tiene que acosar a sus deudores. Habla con él y devuélvele el dinero.

Zenodoto apoyó el rostro en la palma de la mano y bebió de un trago la copa de vino suavizado con miel.

–No creo que sea una buena idea. Los dioses de la venganza han conducido al muchacho hasta aquí, y un hombre que quiere vengarse es siempre un león difícil de domar.

Llamó luego a la sierva.

–¡Thallis! Mañana me levantaré al alba. Para desayunar, prepárame unos pedazos de pan de centeno y trigo, mojados en un poco de vino puro, con higos y aceitunas. Debo hacer una comida sólida porque la mañana será muy larga. Siempre tengo hambre cuando las cosas están al rojo vivo y no puedo salir de la biblioteca.

Thallis le aseguró que lo haría.

–Mañana vuelve antes de que la sombra del gnomon tenga diez pies –le pidió Letho–, pues esta tarde has logrado preocuparme...

Zenodoto le prometió que, al día siguiente, volvería más temprano.

–¡Ah, una cosa más! A mediodía comeré sobre la marcha. Así pues, Thallis, prepárame también queso con ajo y un poco de pescado seco. Añade una porción de este pastel de miel, si es que queda.

Zenodoto bebió una copa de agua y sémola aromatizada con menta, y se zampó luego un *kykeon*[1] de menta.

–Listo para dormir. Un detalle más... Helena, acepté que salieras sin esclavo con la condición de que te quedaras conmigo en la biblioteca. Pero has desaparecido toda la tarde.

1. Brebaje medicinal que favorecía la digestión. *(N. de la A.)*

Y, por lo que me dicen, te has marchado con Alexandros. ¿Qué pensarán de ti en la ciudad? No quiero que salgas sola.

Un vasto jardín a orillas del Nilo rodeaba la propiedad de Iyi Tusert, limitada por una empalizada de madera. Arbustos en fila podados en forma de cono se levantaban en el límite entre el Nilo y la empalizada. Una doble hilera de palmeras y árboles con la copa en forma de pirámide sombreaba la amplia avenida que llevaba a la propiedad misma.

El centro del jardín estaba ocupado por un cenador emparrado, rodeado de árboles y arriates con flores separados por estanques donde moraban aves acuáticas. En el pabellón descubierto, sombreado por plantas trepadoras, descansaba un jardinero que se secaba la frente con los faldones de su vestido.

Al fondo del jardín, entre la glorieta de parra y la avenida, se levantaba un quiosco con rotonda de pequeños pilares, coronado por una bóveda rebajada con varias habitaciones: la primera estaba cerrada e iluminada con balcones con balaustre. Las otras tres tenían las paredes caladas. Contenían agua, fruta y ofrendas.

Un gran estanque, alimentado por un canal de riego procedente del Nilo, servía también de vivero.

Aunque reconoció la mayoría de las flores que jalonaban el jardín, Alexandros se demoró ante plantas raras o desconocidas que debían de proceder de los tributos que los pueblos vencidos pagaban a los egipcios. Una planta más frágil que las demás había sido colocada en una cofia a la espera de ser plantada.

–¿Buscáis a alguien? –acabó preguntándole el jardinero que se disponía, precisamente, a encargarse de la planta exótica.

–No... –balbuceó Alexandros–. Me esperan.

Entró en la vasta morada sin que nadie lo molestara.

A ambos lados se levantaban cinco columnas de madera, de unos cincuenta codos de alto. Las columnas que aguantaban el techo del comedor terminaban en arquitrabes con forma de cuadrado.

El cielo raso semejaba un firmamento púrpura ribeteado de blanco. A izquierda y derecha se erguían unas grandes piezas de madera, cubiertas de un tapiz teñido de azul, y, en los huecos, falsos artesonados pintados que tenían forma de tirsos.

Alexandros avanzó en la creencia de que encontraría en el peristilo un esclavo que pudiera informarle, pero la galería estrecha y abovedada donde solían esperar los invitados, estaba vacía. En el exterior, alrededor del peristilo, se erguían laureles y mirtos cuyo follaje, mezclado con el de otros árboles, formaba una cubierta de verdor. El suelo estaba cubierto de flores perfumadas, y en las jambas de madera que sostenían el pabellón había un centenar de animales de mármol, al parecer esculpidos por los mejores artistas.

Alexandros admiró, en los huecos, unos cuadros de la escuela de Sición que se alternaban con túnicas de paño de oro y brillantes tapices, algunos de los cuales representaban escenas míticas o personajes fabulosos. Sobre ellos se alineaban escudos de oro y plata. Más arriba todavía, en hornacinas, algunas máscaras de personajes de tragedia y comedia mostraban sus muecas. En varias cavidades se habían colocado trípodes de Delfos.

–¿Hay alguien aquí? –preguntó Alexandros, sorprendido de que tan fastuosa mansión estuviera vacía de esclavos.

Pero no obtuvo respuesta alguna y siguió avanzando. A ambos lados de la sala de estar se habían dispuesto unos cincuenta lechos de oro con patas de esfinge, cubiertos de telas de púrpura y lana de la mejor calidad. Los soportes de esas camas eran de un gusto exquisito, y en el suelo se extendían alfombras persas que representaban animales. Ante cada cama había dos mesas de tres patas. Al fondo de la sala, cincuenta jofainas de plata con su correspondiente aguamanil aguardaban a los invitados. Se había dispuesto también una mesa para depositar los cálices de oro y pedrería y todo lo indispensable para el servicio.

–¡Por Isis! ¡No puedo creer lo que estoy viendo!

–¡Neferet!

–Claro, Neferet. ¿No es natural que esté aquí? ¡Ésta es la casa de mi padre!

–Es cierto –farfulló Alexandros.

–¿Has perdido a tu hermosa Helena?

–Creo que os equivocáis...

Neferet soltó una carcajada.

–Si eso te complace...

–He venido a veros.

Ella lo escudriñó con su insolente mirada.

–A fin de cuentas, tal vez... Sí, tal vez hayas venido por mí.

–¿Lo dudas acaso? ¿Qué estaría haciendo yo aquí si no hubiese venido a verte?

–Podrías necesitar a mi hermano Setnajt o...

–¿O?

–Nada. Prefiero creerte.

Neferet corrió entonces hacia Alexandros y le tomó la mano con efusión.

–Sí, prefiero creerte.

Lo arrastró hacia el jardín.

–Déjame enseñarte...

Alexandros no podía esperar nada mejor. La siguió mientras admiraba su fino talle y las formas menudas que se insinuaban bajo la túnica transparente de anchas mangas, impregnada de esencias balsámicas.

Su larga cabellera estaba sujeta por un elegante lazo. Sus piernas parecían tan largas como la noche de los tiempos. Cuando volvió hacia él su rostro nacarado y la mirada de leona, cuya intensidad y languidez se hallaba realzada por el maquillaje, uno de sus trenzados mechones rozó por sus labios. Su color negro contrastaba con el blanco de los pliegues de su vestido. Alexandros nunca la había visto así, con una sencilla túnica con escote en V que dejaba casi desnudos los pechos, por encima del rojo cinturón de tejido. Hasta entonces ella solía lucir un vestido de lino plisado, más sofisticado, más provocador, y una peluca corta pero favorecedora, con cintas y flores. Esas líneas puras y refinadas le complacían más.

Aunque con el cuerpo moldeado por aquella modesta funda blanca, no había renunciado a las grandes perlas que colgaban de su cuello, ni a su amplia gorguera ni a sus brazaletes y sus periscélidos de estilo geométrico. Llevaba también una diadema de oro con decoraciones florales y unos pendientes.

–Pero no quisiera abusar –explicó Alexandros con timidez–. Si me viera en tu compañía, Setnajt podría enfadarse y no quisiera ofenderlo.

Neferet soltó una carcajada.

–¡Piensa que soy, ante todo, una egipcia! Tal vez mañana lleve un nombre griego, porque ése es el deseo de mi padre, pero en el fondo seguiré siendo una egipcia, sean cuales fueren las costumbres que vuestros reyes griegos quieran imponer. Una mujer de Egipto elige con toda libertad sus amistades.

Alexandros sabía, también, qué prestos se mostraban los egipcios en castigar el amor fuera del matrimonio. Neferet no parecía preocuparse por ello.

–¿Me consideras tal vez una rica idiota? Alexandros se limitó a sonreír.

–Pues bien, desengáñate. Desde los cuatro años he recibido la mejor de las instrucciones, pues mi padre quería que yo fuera funcionaria, como él. Tenía que ser escriba. La diosa Sechat favoreció mis estudios, pese a la estricta disciplina que me impusieron.

Aquella revelación no dejó de sorprender al macedonio.

–Conozco la escritura jeroglífica de nuestros antepasados. A fuerza de copiar una y otra vez los textos, ningún tratado de sabiduría, ninguna novela o ningún cuento me es desconocido, y si algún día necesitas un traductor, no vaciles en consultarme.

Alexandros le prometió recurrir a sus servicios, luego ella añadió:

–Pero eso no es todo. Recibí también la escribanía por haber estudiado aritmética y geometría. Mi padre me educó siempre en el respeto por la diosa Maat, para que obedeciese las reglas, me comportara bien con los demás y fuese de trato agradable, modesto, leal y reflexivo. A los egipcios les gustan las mujeres graciosas y dulces, inteligentes y buenas consejeras como lo es Maat, amada por todos. Fui incluso a la escuela de palacio, con los reales hijos, y varias de mis amigas son médicas, parteras, intendentes, controladoras de los almacenes reales o responsables de los dominios funerarios.

Alexandros se disponía a preguntarle sobre sus actividades, pero ella se adelantó.

–En fin de cuentas, me limité a ayudar, durante algún tiempo, a mi padre en la administración de su olivar. Pero también le echo una mano, de vez en cuando, en la preparación de las fiestas importantes. Contrato músicos, bailarinas, acróbatas. Hoy ya sólo me ocupo de nuestros servidores. Es imposible trabajar con mi padre. Por lo que a mi madre respecta, quiere controlarlo absolutamente todo y ni siquiera confía en sus propios hijos. Estoy impaciente por salir de esta propiedad y encontrar un hombre que me guste. De modo que nadie me detendrá, y si otra mujer desea al que yo amo, freiré una lombriz en aceite para que se quede calva.

Alexandros rompió a reír ante el rostro decidido de Neferet.

–¿Te ríes? Pues entérate de que he pinchado ya la imagen de una rival con trece alfilerazos, ¡y murió al día siguiente! No hay danza ni brebaje que pueda contrarrestar mi voluntad. La hermosa Hathor suele escuchar mis oraciones. Ya no soy una niña de doce años, y tengo derecho a casarme.

–¡Sin duda! Y hermosa como eres, ningún hombre se te resistirá.

–¿Eres sincero?

–¡Un macedonio nunca miente!

13

Además del olivar, que suponía ya una considerable fuente de beneficios, el padre de Neferet había plantado algunas viñas, de las que obtenía un vino muy apreciado por los alejandrinos.

Tolomeo solía decir que la viña proporcionaba la «bebida real», un «don de Dioniso», porque los griegos de Alejandría preferían beber leche de cabra o agua mezclada con miel. Iyi Tusert había sabido hallar un ingenioso medio de conservar su vino más tiempo que los demás viticultores, haciéndolo fermentar más y añadiéndole un poco de agua salada, tomillo o canela. O sea, que había adoptado los métodos griegos.

Neferet y Alexandros pasaron ante centenares de odres de piel de cabra destinados al consumo inmediato. A su lado se alineaban, hundidas en el suelo hasta un tercio de su altura, grandes jarras de barro y ánforas de arcilla cuyas paredes interiores un siervo untaba de pez. Los recipientes se llenaban luego de vino y se sellaban con el nombre de Iyi.

–¡En realidad, mi padre está muy bien dotado para los negocios! Después del aceite, he aquí su vino. Ni siquiera teme la competencia de los caldos de Tasos, Quíos o Lesbos, también muy apreciados sin embargo por aquí, y ha convencido al dieceta de que su vino es tan bueno que no será necesario importar tanto de Tasos, cuyas leyes son, es cierto, muy severas. «Comprar mi vino es un modo de evitar los fraudes», argumenta en la Corte. ¿Cómo saber, en efecto, si el vino que importamos no tiene alguna esencia nociva para la salud?

–¡Ingenioso!

–¡Oh, créeme, a mi padre nunca le ha faltado ingenio! Incluso ha hecho creer en palacio que su vino se adaptaba mejor a las ceremonias religiosas, y que algunos cultos que hasta entonces excluían el vino, tenían que abandonar las libaciones de leche para satisfacer a las divinidades porque, desde los orígenes, se han alimentado con hidromiel.

–Esos argumentos superan lo comprensible...

–Es cierto. Pero su vino es bueno.

Neferet hizo una señal al siervo que untaba las ánforas para que tomara un poco de vino de una *oinochoe*[1] y llenara un odre, que ofreció a Alexandros. El macedonio escupió enseguida la mixtura.

–¡Por Heracles! ¡Este vino es casi puro!

–¡Y fuerte! –apostilló Neferet riéndose–. Al principio, el sabor es algo desconcertante, pero pronto te acostumbras. Durante las fiestas, caldea los corazones y los espíritus. Te pone alegre y hace olvidar las preocupaciones de cada día. Algunos alejandrinos lo consumen diariamente y se cuentan sus desgracias entre dos copas: que su mujer los ha abandonado o su hija ha hecho una mala boda, que su tienda va mal...

Neferet tomó el odre de piel de cerdo y se sirvió un buen trago de vino.

–¡Toma! ¡Vuelve a probar!

Alexandros se hizo de rogar.

–Si yo lo soporto, no me dirás que un hombre como tú no puede hacerlo.

El macedonio bebió a largos tragos hasta que el odre estuvo vacío.

–Ya ves, todo es acostumbrarse. Y es más refrescante que el vino demasiado dulce. Lo reconozco. Y para honrar a tu padre, beberé un poco más incluso...

Alexandros bebió un segundo odre.

–¿Se acabó la cerveza, entonces?

–No por completo –dijo Neferet– señalando con la barbilla el otro extremo del jardín.

1. Crátera. *(N. de la A.)*

Unos servidores de Tusert fabricaban allí la bebida preferida de los egipcios, con cebada, levadura y dátiles. Manipulaban unos moldes parecidos a los de los panaderos y un surtido de cestas, jarras y recipientes de alfarería.

Mientras hacían panes, los obreros preparaban la «fresca», una pasta que vertían en moldes ardientes para dorar su corteza. Estos panes, medio cocidos, eran luego desmigajados y mezclados con el líquido azucarado que se obtenía de los dátiles. Luego lo removían y filtraban.

El líquido fermentado se vertía en jarras cubiertas con un plato y algo de yeso, para el viaje, o en recipientes más pequeños para el consumo corriente.

Alegre por causa del vino, Alexandros tomó un cubilete de loza y probó la cerveza de Tusert.

–Algo agria –dijo, y movió la cabeza.

–Mi padre sabe conservar mejor el vino que la cerveza –reconoció Neferet–. Ayer, mil quinientas jarras selladas de su vino zarparon hacia Menfis. En el Delta, comienza a tener serios competidores, pero ninguno de ellos logra conservarlo tan bien como él, ni siquiera trasegándolo o cociéndolo... Estoy segura de que no nos lo dice todo y de que tiene una receta secreta, que le enseñó alguna hechicera del barrio de los judíos.

Neferet acompañó a Alexandros hasta el inmenso olivar de su padre. Era tan grande que le pareció imposible rodearlo a pie antes de que el sol se pusiera. Pero ella quiso arrastrarlo, una vez más, hacia los obreros, a quienes parecía conocer por sus nombres.

–¡Oh! En cierto modo son parte de la casa –le dijo a Alexandros, que se extrañó de ello–. Estamos acostumbrados a considerar a nuestros servidores como miembros de la familia. ¡Hace mucho tiempo que pertenecen a mi padre y trabajan duro para él!

Los obreros la saludaban con una respetuosa inclinación de cabeza y una sonrisa de afecto.

–¡Éstos me conocieron cuando yo era una niña! –dijo, traviesa–. Pero ¡ya no me miran del mismo modo!

Seguía con sus zalamerías sin darse cuenta, al parecer, de sus poses o sus gestos, provocadores a veces. De pronto, a Alexandros le gustaron aquellos impulsos naturales; le parecieron espontáneos antes que calculados, más infantiles que sensuales.

–En Macedonia solemos decir que la agricultura otorga a los hombres vigor viril, pues les obliga a levantarse pronto y a caminar mucho. La tierra enseña a defender su propiedad, a ser justo y a mandar. La agricultura es la madre de las demás artes. Cuando todo va bien para la tierra, todo va bien en todas partes.

–También se necesita paciencia para levantar viñedos y olivares. Son necesarios más de diez años para que un olivo comience a dar frutos, y es preciso aguardar mucho más para que produzca de lleno.

Alexandros se sentó al pie de un nudoso tronco, en el que se apoyaba la larga vara flexible que se utilizaba para recoger las aceitunas. Ante ellos estaba el mortero, que permitía prensar las olivas. El agujero de desagüe, por donde salía el orujo utilizado como abono o para desecar la madera o el cuero, estaba seco.

–Este mortero ya no sirve, ahora se emplea un molino de aceite y una prensa.

–¿De modo que nadie viene por aquí?

–No –dijo Neferet entre risas y sentándose junto a Alexandros.

El joven macedonio no intentó resistir las insinuaciones de la egipcia. Respondió a sus caricias y obedeció sus ruegos. Neferet estaba muy lejos de ser una neófita en el amor y Alexandros ardía con un fuego que lo pasmó.

A su alrededor nada turbaba el canto de los grillos, que se hizo cada vez más intenso. El olor del mar les llegaba mezclado con el aroma del laurel.

Su abrazo fue fuerte y apasionado. Luego, Neferet estrechó a Alexandros contra sí exigiéndole nuevos besos, pero el macedonio pareció recuperar de pronto el sentido.

–¡Por Eros! ¿Qué he hecho? ¡Si nos sorprendieran ahora, te matarían! El adulterio está prohibido en Alejandría, y una mujer no debe haber pecado antes de su matrimonio.

Neferet soltó la carcajada.

–No te preocupes. ¿Quién podría sorprendernos? ¿Un servidor? ¿Crees que se arriesgaría a perder su puesto hablando? ¿Y no es excitante saberse observado en pleno pecado?

Alexandros rechazó con brusquedad a la joven.

–¿Qué he hecho? –repitió.

Pero en aquel instante un aullido inhumano llegó hasta ellos. Se levantaron de un salto y echaron a correr hacia el lugar de donde brotaban los gritos. En medio de una gran agitación, la propiedad pareció poblarse de pronto. Llegaban servidores de cualquier parte. Alexandros y Neferet se encontraron con Setnajt, quien, inquieto, les preguntó si habían oído los gritos. No se percató de la sorprendente presencia del macedonio en casa de su padre.

–Claro que los hemos oído –respondió Neferet, impaciente por saber lo que ocurría–. Otra vez esos gritos. ¡Escuchad! Vienen de allí. ¡Pronto! ¡Alguien necesita ayuda!

Llegaron enseguida al lugar en que los obreros componían su sabia mezcla de vino y agua y donde el dueño se empeñaba en elaborar por sí mismo las composiciones aromáticas que permitían conservar el vino.

Un círculo de varones y mujeres, todos empleados de Tusert, formaba una especie de muro alrededor del cuerpo de un hombre tendido en el suelo. Las mujeres gemían golpeándose el pecho. Los más jóvenes permanecían con la boca abierta.

–¡Rápido! ¡Hay que hacer algo! –gritó una vieja sierva empujando a los demás–. No os quedéis sin hacer nada.

–Es inútil –respondió un anciano sujetándola del brazo–. Está muerto. ¡Cuidado!, también vosotros podríais ser atacados por estas fieras.

Neferet lanzó un desgarrado grito. Acababa de reconocer a su padre caído bajo un enjambre de abejas.

–Estaba preparando una mezcla a base de miel cuando las abejas lo han atacado –le explicó el hombre que trabajaba con su padre.

–¡Es imposible! –repuso Setnajt–. Mi padre conocía a las abejas mejor que a nosotros. Jamás hubiera elaborado sus mezclas junto a los panales. ¡Es una aberración!

–¡Sin embargo, los panales han sido traídos hasta aquí! –soltó un obrero.

–Sí, y me pregunto quién los trajo.

–¡Quien haya traído esos panales aquí es un asesino! –gritó Neferet con el rostro pálido–. Alejad esas abejas y llevad a mi padre a casa.

En ese momento llegó la madre de Neferet. Como a su padre, Alexandros tampoco la conocía, pero ésta parecía informada sobre el macedonio.

–Has sido tú –dijo la mujer a Neferet, señalándola con un dedo acusador–, has sido tú quien ha traído la muerte a esta casa. Te prohibí que trataras a ese Alexandros, pero has tenido que traerlo aquí. ¿No era ya suficiente que tu hermano lo albergara?

Cuando Neferet se dispuso a protestar, su madre se acercó a ella con la cólera en el rostro.

–¡No mientas! ¡Os he visto! Sí, os he visto con mis propios ojos.

Alexandros sintió que la tierra se abría bajo sus pies. Si la madre de Neferet los había visto realmente en el olivar y hablaba, podían matarlos sin juicio previo o condenarlos a muerte. Pero la mujer de Tusert se limitó a lanzar a su hija una mirada oscura y cargada de acusación.

Llevaron el cuerpo a la estancia principal de la propiedad y lo tendieron en una cama. Neferet se había encargado de cubrir el rostro de su padre, que estaba irreconocible. Setnajt se hallaba profundamente conmovido. A Alexandros le sorprendió, en cambio, la impasibilidad de Neferet, que se mantenía erguida ante su padre con las manos cruzadas y los rasgos inmóviles como los de una estatua de piedra. Observaba a su padre con la mirada fija, sin moverse y sin que los labios expresaran emoción alguna.

Ante aquel mudo dolor, Alexandros se dispuso a retirarse discretamente pero la madre de Neferet entró con una violencia que sorprendió a la concurrencia. Todos se volvieron a excepción de Neferet, quien, firme, parecía transformada en estatua de sal. Sin ningún respeto por el cuerpo de su marido difunto, gritó:

–¡Mírame, Neferet!

Pero la muchacha permaneció impasible, con los ojos clavados en el lienzo blanco que cubría el rostro de su padre.

La madre se acercó a ella con paso decidido y empujó a Alexandros, que se mantenía junto a Neferet. Colocó la mano bajo el mentón de su hija y, con gesto brusco, llevó hacia ella su rostro para obligarla a mirarla. Neferet no parpadeó, y clavó en su madre una mirada fría como el mármol.

–Escúchame bien, Neferet. Siempre has hecho lo que has querido y tu padre nunca dijo nada. Hoy su debilidad lo ha matado, pues no te ha visto retozar con ese macedonio de mal agüero, que hubiera debido perecer, antaño, con su familia. Pero ¿qué dios infernal lo protege para que consiguiera escapar de la muerte?

Cuando Alexandros se volvía hacia la puerta, porque consideraba molesta su presencia, Neferet abrió por fin la boca.

–Ahora me toca hablar a mí –le dijo a su madre, lo bastante alto para que todos la oyeran–. Mi padre no se dio cuenta de que amo a Alexandros porque nunca se interesó por sus hijos. Si hoy ha muerto es, sin duda, porque uno de los obreros aquí presentes se ha vengado en él de tu falta de humanidad para con los siervos que viven en nuestra propiedad desde hace muchos años. Tú, la egipcia, supiste muy pronto adoptar las costumbres de los griegos, que consideran esclavos a todos sus servidores. Y, sin embargo, Alexandros te disgusta. Pero ¿qué os ha hecho para que lo tratéis así?

–¡Échalo de aquí, Neferet! –gritó de nuevo su madre, mientras señalaba a Alexandros con un dedo acusador–. ¡Que se marche para siempre!

Neferet, ante el pasmado auditorio, se encogió de hombros y acompañó al macedonio hasta la puerta.

–Ven –susurró–. Mi madre está loca y Setnajt no conseguirá calmarla pese a la gran influencia que tiene sobre ella.

Alexandros la siguió sin decir nada. Así llegaron al jardín, solos y trastornados, Neferet por la muerte de su padre, Alexandros por lo que acababa de oír.

–Qué mal me estás juzgando ahora –le dijo Neferet.

–A decir verdad, no sé qué pensar. Pareces muy fría.

–He sido educada en la indiferencia y no me gusta mostrar mis sentimientos...

Ambos caminaron sin hablar, hollando las hierbas con sus silenciosas sandalias.

–Tengo que marcharme –le dijo Alexandros.

–Espera, necesitarás una coartada cuando llegue la investigación.

–Dudo de que haya una investigación –respondió Alexandros–. ¿No son las abejas las responsables de la muerte de tu padre?

–Sin duda –respondió Neferet dejándole marchar.

14

–¿Qué has previsto para las fiestas? –preguntó con malhumor el dieceta Apolonio a Calímaco.

Como hombre fiel a sus orígenes dóricos, el hijo del militar Battos respondió con un respeto algo hipócrita:

–Un himno que escribí en honor de un campeón olímpico de Cirene, dos epigramas y un poema para honrar a Apolo, mi maestro en poesía.

Unos comienzos difíciles, enseñando a leer y a escribir a los escolares del barrio de Eleusis y su pobreza, habían convencido muy pronto a Calímaco sobre la conveniencia de cortejar a los príncipes en provecho propio.

–También he escrito un texto para la deificación de Arsinoe –añadió–. Ya que nuestro rey apreció el poema con el que celebré, antaño, su boda con ella, a pesar de que yo era sólo un muchacho de la Corte, creo que también le gustará éste.

Apolonio esbozó una sonrisa muy elocuente. No lo engañaba la habilidad del poeta, acostumbrado a halagar a la Corte.

–Los telchines[1] no dejarán de atacar mis poemas porque opto, una vez más, por las formas breves. No importa, esos bárbaros sin inspiración no son mis amigos. Son sólo peces charlatanes.

–Espero por ti que al rey le guste tu obra –dijo Apolonio–, pues se ha mostrado muy descontento con una jarra de vino que lo representaba con el rostro redondeado, revelando su tendencia a la obesidad, y una boca enfurruñada que indicaba su desprecio por la vida militar.

1. Artesanos que eran también hechiceros de acuerdo con las tradiciones de Cos y de Rodas. *(N. de la A.)*

Calímaco inclinó la cabeza.

–A mi entender, como en mis poemas, Tolomeo no puede separarse de la imagen de Apolo...

–Me parece que oigo a Teócrito...

Apolonio hizo una pausa para dar instrucciones al escriba que, sentado con las piernas cruzadas, transcribía sus órdenes.

–El rey desea introducir en la provincia del Fayum una nueva variedad de trigo rápido que permitiría obtener dos cosechas anuales. Ha decidido efectuar personalmente una gira de inspección por aquella región, para felicitar a unos y reprender a aquellos cuyo trabajo no le satisfaga.

Luego dio algunas instrucciones a otro funcionario de la Corte.

–El rey quiere que el zoo de Alejandría tenga una pitón y un oso. Hay que mandar un correo al jefe de la tribu de Tobías para saber si puede enviarnos estos animales desde Israel. También necesitamos elefantes para el ejército. Los reyes de Asia los tienen siempre, de modo que debemos obtenerlos lo antes posible. Ah, algo más: nuestro rey Tolomeo quiere ver, a toda costa, dromedarios en Alejandría.

Como el funcionario seguía de pie con aire asustado, el dieceta mostró cierto enfado.

–Arréglatelas para encontrarlos y domesticarlos. Quiero que el rey esté satisfecho. Desde que nuestra reina murió, está inconsolable. Tenemos pues que satisfacerlo en todo. Toma ejemplo del honorable Calímaco, que sabe conmover el corazón del rey al participar en el desarrollo del culto de Arsinoe Filadelfo[1]. Se han bautizado con el nombre de la reina varias ciudades, tanto en Egipto como en nuestras posesiones exteriores.

Calímaco movía la cabeza aprobando al dieceta.

–También he decidido crear en Alejandría una orden sacerdotal especial para honrar a Arsinoe –prosiguió–. Se im-

1. Arsinoe «que ama a su hermano». *(N. de la A.)*

pondrá un impuesto para el mantenimiento de su culto, que se celebrará en todos los templos de Egipto donde la reina esté asociada a los dioses locales. Por lo que se refiere a las monedas de oro y plata con su efigie, acuñaremos más. Todos estos esfuerzos serán muy populares.

–Deseemos, de cualquier modo, que Bilistiché no se enoje.

–Bilistiché ha sabido estar siempre en su lugar, incluso cuando era más joven y era la favorita del rey, bajo la primera Arsinoe. En cuanto murió la reina, Tolomeo corrió a refugiarse en sus brazos...

–Y ahora adopta aires de reina, con lo que demuestra una personalidad fuera de lo común. Hasta podría creerse que desciende realmente de los Atridas, como ella afirma.

El dieceta rió, sarcástico.

–Bilistiché tiene oscuros orígenes, pero nos es útil y hoy sólo cuenta la influencia que puede tener sobre el rey. Su única preocupación es participar en los próximos Juegos Olímpicos del 268. Se pasa las horas en el hipódromo, entrenándose para la carrera de carros. ¿Por qué no incluir en los espectáculos a Mnesis o Potiné, que tanto tocan la flauta como interpretan una tragedia?

–Es una buena idea –aprobó Apolonio–. Al rey le gustan lo bastante como para haberles construido magníficas moradas.

Reflexionó unos instantes. Luego añadió:

–Sí, creo que es una excelente idea, aunque Bilistiché se muestre celosa...

Hizo un gesto de impaciencia.

–Hazlo bien, como de costumbre. Conoces tu trabajo, pero no olvides, sobre todo, ni a los Tolomeos ni a Berenice. Nuestro rey quiere demasiado a sus hijos, aunque los haya tenido con su primera esposa, para que sean excluidos de los himnos en su honor. Ya está hablando de asociar a su primogénito al trono, y presiento que esa asociación se realizará muy pronto.

El dieceta hizo llamar al hipomnematografo, encargado de las relaciones entre la administración real y los funcionarios provinciales, y al epistolografo, responsable de la correspondencia real, a quien dictó un nuevo edicto.

–Ya he terminado –le dijo con sequedad a Calímaco–. Ahora tengo que reunir a los «amigos» del rey. Todo está preparado para las fiestas. Los pajes reales han recibido sus órdenes; el montero mayor ha organizado una cacería especial; el gran chambelán ha hecho arreglar sus ropas...

Calímaco le interrumpió:

–Una cosa más...

–Te escucho.

–El joven Alexandros desearía hablar con el rey para agradecerle la acogida que ha recibido en Alejandría.

El dieceta se frotó el mentón y reflexionó largo rato antes de responder.

–Ya sabes que son necesarios cinco días para hablar con el rey sobre un tema que afecte los intereses del Estado, y que los embajadores de las ciudades griegas suelen aguardar más de un mes antes de poder hablar con nuestro soberano.

–Como esas audiencias se conceden con ocasión de fiestas y banquetes, he pensado que...

–Piensas demasiado, Calímaco. Guarda tus ideas para tus poemas. Los embajadores se suceden en la Corte y nada es excesivo para deslumbrarlos y para que nuestro rey haga demostración de su poderío. Tolomeo ha tomado, también, la decisión de llevar diplomáticos griegos al Fayum, para que puedan contar en sus países qué grande es la prosperidad de Egipto. Y eso cuesta, dicho sea entre nosotros, terriblemente caro. Pero Alexandros no es un embajador para que le tratemos de ese modo.

–No, sin duda, pero se trata de un sabio que el propio rey aceptó recibir.

–Es cierto –reconoció Apolonio, molesto por la insistencia de Calímaco–. Sin embargo...

–¿Sin embargo?

–He sabido de la muerte del infeliz Tusert, y se dice que Alexandros estaba en su casa el día del crimen.

–¿Crimen dices?

–Sí. No me digas que Tusert cometió la inconsciencia de preparar sus mixturas azucaradas junto a las colmenas, no te lo aceptaría. Alguien asesinó a Tusert y transformó luego la muerte en accidente.

–Pero ¡no se puede acusar a Alexandros! ¿Qué relación tenía el muchacho con Tusert, a quien no conocía?

–Alexandros ha traído con él la muerte. Tusert me reveló que, desde que estaba en la ciudad, su aceite se enturbiaba y su vino se agriaba.

–Tusert te dijo eso, sin duda, porque había visto a Neferet merodeando a su alrededor.

–No es seguro.

–Te lo digo yo: puede ser que Alexandros traiga la desgracia, pero no es un asesino. Se dice que tal vez Setnajt matara a su padre.

–Conozco a Setnajt y no puedo de ninguna manera dar crédito a ese rumor.

Sin embargo, la policía había decidido seguir esa pista. Mientras el dieceta hablaba con Calímaco, dos investigadores se presentaron en la propiedad de Tusert con la intención de interrogar a su hijo. Afectado todavía por la muerte de su padre, Setnajt los recibió con desagrado y respondió a sus preguntas.

–De modo –concluyó uno de los policías– que no tenéis coartada alguna para las horas que precedieron a la muerte de vuestro padre.

–Había ido a pasear al puerto y dudo de que nadie me reconociera. Podéis hablar con los que suelen estar por allí...

–Tres horas de paseo por el puerto me parecen demasiado...

–Son numerosas las personas que han podido matar a mi padre. ¿Por qué sospecháis de mí?

–No todo el mundo hereda una propiedad tan vasta.

–No puedo deciros nada más.

Tras haber deliberado, los dos policías decidieron llevarse a Setnajt, a pesar de las protestas de su madre.

15

Para Tolomeo las fiestas en honor de Dioniso fueron la ocasión de recibir a una multitud de artistas, atletas y embajadores griegos.

Los soldados y las delegaciones extranjeras se habían alojado bajo algunas tiendas. La destinada al banquete oficial era la más suntuosa, con el suelo cubierto de flores. Los huéspedes reales se acomodaron en ciento treinta lechos de mesa, con las patas doradas y adornados de tapicerías iraníes.

La procesión se celebró después del banquete inaugural. Precedía a la consagrada a los padres de los reyes, a la de los dioses y a la de la Estrella vespertina. El desfile comenzó muy pronto por la mañana.

El dieceta había dispuesto dos mil bueyes para los sacrificios y cincuenta y ocho mil infantes y veintitrés mil jinetes para el desfile militar que debía celebrarse al día siguiente.

Antepasado de la dinastía tolemaica, el dios Dioniso iba a la cabeza del cortejo. Una erudita genealogía, establecida por Tolomeo Soter y oficializada por Tolomeo II demostraba en efecto que el primer Tolomeo descendía, por parte de madre, de Borkos, hermano menor del antiguo rey macedonio Alejandro el Filheleno. Como Alejandro Magno, aunque por filiación matrilineal, descendía de Temenos, hijo de Hyllos, asimismo hijo de Heracles y de Dejanira, que a su vez era hija de Dioniso. Y como Dioniso presidía también los concursos dramáticos, porque era el dios en cuyo honor autores, actores, cantantes y músicos hacían sacrificios en el teatro antes de actuar, numerosos fieles disfrazados de sátiros y silenos, habituales compañeros de Dioniso, figuraban en el cortejo. Dos silenos representaban los papeles del heraldo y el trompeta.

Cuando la estatua del dios, rodeada por sus fieles, avanzó en un carro de cuatro ruedas, Alexandros había llegado ya a las primeras filas de los espectadores que inundaban las calles principales de Alejandría. Su principal preocupación era ver al rey. No por ello dejó de admirar al sacerdote de Dioniso, en la persona del poeta Filikos, rodeado de todos los bailarines y músicos que residían en Alejandría o que habían venido para participar en el concurso. El entusiasmo de los demás sacerdotes, de los portadores de harneros sagrados, de los miembros de cofradías dionisíacas y de los nuevos iniciados despertó el júbilo del macedonio. El espectáculo de las ménades de pelo enmarañado, coronadas unas con serpientes y otras con ramos, era impresionante, y hasta provocó movimientos de pánico en la concurrencia, pues aquellas mujeres, originarias de Macedonia o de Lidia, llevaban en sus manos serpientes y puñales.

El fervor religioso de los egipcios y los griegos llegó a su paroxismo al finalizar el cortejo, cuando los dos emblemas sagrados hicieron su aparición: un tirso dorado, de ciento treinta pies de largo, y un falo coronado con una estrella, de ciento ochenta pies de largo. Entre tanto, y durante el desfile de carros que ilustraba el aspecto báquico del dios, Neferet se había reunido con Alexandros para comunicarle el arresto de su hermano. Se eclipsó cuando apareció, a su vez, Helena, justo después del paso de las carretas que transportaban la estatua de la nodriza de Dioniso y la gruta donde el dios había pasado su infancia.

–Te dejo en buena compañía –le susurró Neferet a Alexandros con una aviesa sonrisa.

–Me extraña que Neferet participe hoy en los festejos –dijo Helena al verla alejarse–. Su padre acaba de morir y...

–Neferet es una mujer valerosa.

–Sin duda.

Alexandros y Helena siguieron con la mirada, sin decir palabra, un carro que llevaba un inmenso lagar en el que un coro de cincuenta sátiros prensaba el vino cantando al son de las flautas. De un odre gigantesco de piel de pantera brotaba el vino, que los silenos y los sátiros recogían en jarras de oro. Unos hombres llevaban en brazos toda clase de objetos preciosos que brillaban al sol, recipientes de oro y plata, mesas de plata maciza incrustadas de piedras raras, trípodes de oro, prensas y cofres preciosos.

–Tolomeo no ha dudado en exhibir sus riquezas –reconoció Helena–. Todos estos muebles de palacio en el desfile... Prefiero ese coro acompañado por cítaras, es más sugerente.

–¿No te acompaña Zenodoto? Ayer, en la biblioteca, a todos nos extrañó su ausencia.

La joven se ruborizó.

–De hecho, mi padre parece haber perdido la razón con la muerte de Tusert. Tuvo una discusión con mi madre, de la que fui excluida. Desde ayer no sale sin ir armado con un cuchillo cuya longitud haría temblar a todo un ejército.

–¿Qué teme?

–No lo sé... Pero les he oído hablar de ti en términos que me conmovieron.

Alexandros quiso saber más.

–No comprendí qué te reprochaban. Hablaban de tu familia. Mi madre parecía compadecerse de tu suerte...

Alexandros cogió al vuelo una tórtola de encintadas patas, que los silenos habían dejado escapar de la «gruta» de Dioniso, y se la ofreció a Helena. Ésta la tomó y le dio un pedazo de torta con los labios. El animal, asustado primero, aceptó picotearlo luego, con gran alegría de su nueva dueña.

–Estará mejor en libertad –dijo Helena en tanto abría las manos para dejarla escapar–. Los animales, como los hombres, no están hechos para permanecer encadenados.

Después, aceptó un pocillo de vino, aunque nunca bebía más que agua con miel, y susurró al oído de Alexandros:

–Una de mis pasiones durante las fiestas es ir al estadio; allí los jóvenes alejandrinos, bellos como dioses, llevan casi cuatrocientas jarras preciosas. El vino que ofrecen es suave y tan hechicero que te ríes toda la noche.

–¿Es tan bueno como el de Tusert?

–Más suave, ¡pero igualmente temible!

Pese a su deseo de ver al rey, Alexandros siguió a Helena hasta el estadio. Alcanzaron el cortejo de Dioniso, escoltado ahora por diosas de la Victoria de doradas alas que llevaban grandes incensarios adornados con hojas de hiedra de oro.

Tras la estatua de Dioniso festejando su mítica victoria sobre los indios, venía su ejército: quinientas muchachas vestidas con túnicas de púrpura ceñidas con cinturones de oro, cien sátiros armados, cinco escuadrones de asnos montados por silenos, cuádrigas de elefantes, bigas arrastradas por camellos, órix, onagros y avestruces.

Algunos prisioneros representaban el botín del dios vencedor. Los camellos transportaban los perfumes tomados a los vencidos. Unos etíopes llevaban oro, madera y colmillos de elefante. Seguían algunos cazadores con una jauría de dos mil perros, pajareros llevando jaulas de raras aves, animales exóticos, salvajes a veces, una jirafa, un rinoceronte y un oso blanco.

–¡Tengo ganas de abrir todas esas jaulas! –susurró Helena.

El último carro del cortejo interesó más a Alexandros, pues llevaba las estatuas de Alejandro Magno y de Tolomeo Soter, con la frente ceñida por una corona de hiedra de oro. Algunas mujeres, que encarnaban las ciudades tomadas antaño por los persas, recordaban al pueblo que el primer Tolomeo lo había liberado y había sabido preservar su independencia. Su trono, rodeado de objetos preciosos, en el que se había depositado una corona de oro, se erguía a la sombra de la estatua de Alejandro, el último dios, tirado por un carro al que se habían ungido elefantes.

Los olores fluían con más fuerza al sol. Los gritos de la muchedumbre, que aclamaba los dones del rey, se mezclaban con los cantos de los coros y las ebrias canciones de los sátiros en una alegre cacofonía.

–Sé que la favorita del rey debe participar mañana en las pruebas ecuestres. Estoy realmente impaciente por verla montar. Dicen que posee el poder y la maestría de un hombre y que vencerá en la prueba de carros de los próximos Juegos Olímpicos.

–¿El rey estará mañana en el hipódromo? –preguntó Alexandros.

–Sin duda alguna. Desde la muerte de Arsinoe que no se separa de Bilistiché, salvo cuando ella se entrena.

Alexandros y Helena pasaron varias horas juntos y se citaron para el día siguiente, tras haber bebido en el estadio dos copas de vino dulce que les sirvieron jóvenes atletas preparados para desfilar. Pero, en vez de regresar a su casa, Helena aguardó a que Alexandros abandonara la calle del estadio para seguirlo. Se deslizó entre los alegres viandantes, que bailaban y cantaban entre silenos y sátiros. Tomó luego las mismas calles que el macedonio, pegada a las paredes a razonable distancia para no llamar la atención. Las palabras de sus padres habían despertado su curiosidad. Deseaba saber más de aquel muchacho llegado de Macedonia, pero que había nacido en Alejandría y que no le resultaba indiferente.

Alexandros regresó directamente a su casa. Estaba algo cansado del tumulto exterior, tanto más cuanto que no había podido distinguir al rey mientras los poetas Teócrito y Calímaco declamaban en su honor dos himnos recién escritos, y se estaba preguntando ya el modo de poder acercarse a él al día siguiente. Con gran sorpresa por su parte, Neferet lo aguardaba en casa. Se había sentado ante el cofre que contenía los reconocimientos de deuda y los blandía con sus brazos.

Desde el rincón oscuro donde se hallaba, Helena percibió a la luz de la lámpara dos cuerpos frente a frente. Reconoció enseguida a Alexandros y a Neferet, desnuda, sosteniendo en su mano unos rollos de papiro. La muchacha sintió cierto despecho y muchos celos, sentimiento que hasta entonces le era ajeno. Alexandros no le había prometido nada, pero su amistad le había permitido tener otras expectativas.

A ambos lados de la calle, los comerciantes cerraban por fin sus tiendas, que habían permanecido abiertas más que de ordinario a causa de las fiestas. El joyero, que vendía efigies de Serapis y minúsculas Isis de oro helenizadas, con sus cabellos en ordenados rizos, sus sistros y sus cuernos de la abundancia, le rogó que se alejara un poco para permitirle cerrar su tienda.

–Nunca se sabe –se excusó–. Cuando están alegres, los alejandrinos son capaces de todo, y no quisiera arruinarme durante las fiestas en honor de Dioniso.

–Claro –le respondió Helena, sin apartar su mirada de la ventana de Alexandros–. No os preocupéis por mí.

El joyero siguió su mirada.

–¿Vuestro marido? –preguntó divertido.

Pero los oscuros ojos de Helena lo convencieron de no insistir. Guardó con cuidado las figuras de bronce y cerámica en el interior de su tienda y quitó con precaución de los escaparates sus representaciones del Nilo, de viejos barbudos medio desnudos, coronados de caña, que sujetaban un cuerno de la abundancia, rodeados por dieciséis niños que representaban el número ideal de codos que debía alcanzar el río para fecundar la tierra de Egipto.

Mientras se atareaba, el hombre observaba con el rabillo del ojo a Helena. No se le habían escapado las dos siluetas en el marco de la ventana. Había visto con claridad a un hombre que intentaba arrancar un documento de las manos de una mujer desnuda.

Alexandros tendió de nuevo el brazo hacia Neferet.

–Devuélveme esos documentos. No lograrás nada actuando así.

–¡De modo que has venido a Alejandría para vengarte! Tranquilízate. No te denunciaré y no hablaré con nadie de estos reconocimientos de deuda. Muy al contrario, estoy dispuesta a ayudarte.

–¿Crees que soy el asesino de tu padre y estás dispuesta a ayudarme?

–Sí. ¿Te extraña eso?

Pegó el cuerpo contra el suyo e intentó besarlo. Alexandros se apartó.

–Toma, aquí están tus reconocimientos de deuda.

–No te enfades, Neferet, y siéntate. Voy a explicártelo.

Puso en sus hombros la túnica que ella había dejado en la cama y le tendió el cinturón trenzado.

–Cuando descubrí estos reconocimientos de deuda creí, como tú, que uno de esos hombres era el asesino de mi familia. Ahora, pienso que los tres se conjuraron para matar a mi padre.

–Y has comenzado eliminando al mío. Por esa razón fuiste a casa...

–Déjame terminar. No puedo negar que tuve la intención de matar a esos hombres, pero no asesiné a tu padre. No creo, tampoco, que se trate de Setnajt.

–Setnajt fue puesto en libertad hoy mismo, sin que le hayan interrogado de nuevo.

–Tal vez la muerte fue, a fin de cuentas, sólo un accidente...

Neferet se envolvió en su túnica y la plisó con habilidad.

–No digas tonterías, Alexandros. Sé que se trata de un crimen.

–Admitámoslo. Pero no soy responsable de ello.

Neferet lo miró con fijeza, intentando descubrir si decía la verdad.

–¿Cómo piensas actuar con los otros dos? Zenodoto y Apolonio son íntimos del rey, y poderosos. Si desaparecen, el rey ordenará una investigación. Conozco a nuestro soberano.

Como Alexandros no respondió, Neferet le hizo una proposición.

–Acepta mi ayuda. Estoy de tu lado.

El macedonio vaciló.

–Sea –acabó por responder–. Pero déjame pensar en lo que debemos hacer. Ahora, regresa a tu casa y no actúes contra la voluntad de los dioses.

Neferet hizo un último intento de seducir a Alexandros.

–No he debido abandonarme de ese modo. Dioniso me empujó a beber más vino del deseable.

–¿Lo lamentas?

–No lamento nada, o sólo el hecho de que mi actitud pueda hacerte concebir falsas esperanzas.

–¿Estás convencido?

–Para mí, no cabe duda. No querría que consideraras amor lo que sólo fue una debilidad pasajera.

–¿No la provoqué yo?

Alexandros la empujó, con delicadeza, hacia la puerta.

–No hablemos más –dijo.

Neferet hizo una mueca y salió, jurándose que reconquistaría al macedonio.

–No está todo perdido, lo sé –murmuró–. Cediste una vez, Alexandros. Soy lo bastante hábil para hacerte surcar de nuevo las tranquilas aguas del Nilo hacia el país del amor.

Aunque ninguno de sus gestos había escapado a Helena, la muchacha se preguntaba cuáles habían podido ser sus palabras. Había comprendido lo que Neferet había ido a buscar en vano, y observó el modo como Alexandros la había despedido. Pero ni una sola palabra de la conversación había llegado hasta ella.

Cuando Neferet pasó por delante de la joven, ésta se volvió y fingió ayudar al joyero, siguiéndola luego como había hecho con Alexandros. Aunque había oscurecido, una alegre muchedumbre continuaba cantando, dispuesta a pasar la noche en vela y entre risas. Neferet se cruzó con una pandilla de jóvenes disfrazados de sátiros y la persiguieron unos momentos. Helena creyó oportuno evitarlos y dio un rodeo.

Neferet se disponía a entrar en la propiedad de Tusert

cuando una leona brotó de la noche. Su rojizo pelaje resplandecía bajo la luz de la luna, y el animal lanzó un terrible rugido. Helena quedó petrificada.

–Es la leona del carro de Dioniso –murmuró aterrada.

Al oír el rugido a sus espaldas, Neferet se volvió. Primero creyó que era una broma y sonrió. Antes de haber tenido tiempo de comprender, la leona saltó sobre ella. Helena se tapó el rostro con las manos y, luego, corrió hacia el cuerpo de Neferet, tendido en el suelo, mientras pedía ayuda. Alexandros acudió e hizo huir al animal.

–¿Tú aquí? –se extrañó Helena.

–Sí. Había salido, precisamente, para hablar con Neferet.

–¿La seguías?

–¿Cómo lo sabes?

–Lo he visto todo –reconoció Helena, que lanzó un grito ante el lacerado rostro de Neferet.

–No te quedes aquí, Helena –dijo el macedonio mientras colocaba su clámide roja sobre el cuerpo de la egipcia–. Neferet ha muerto.

16

–¡Vamos, muchacho, esto se acabó!

Un griego encargado de la seguridad de la ciudad durante las fiestas colocó la mano en el hombro de Alexandros, como si acabara de detener a un asesino.

–Os he visto seguir a esa joven y lanzaros sobre ella. A mi pesar, no he podido evitar su muerte. Tenemos que dominar a ese león –añadió dirigiéndose a uno de sus colegas–. ¡Pide refuerzos!

–Pero ¡es un error! –exclamó Helena interponiéndose–. ¡También yo lo he visto todo! No podéis acusar a Alexandros. El león no le pertenece. Se ha escapado de un carro...

–Eso es. Pero no se ha soltado solo. De modo que vuestro amigo... Porque es vuestro amigo, ¿no es cierto?

Helena asintió:

–Sí, pero...

–Pues bien, he visto con mis propios ojos a vuestro amigo junto al carro donde estaba encerrada la leona.

–¡También yo! –exclamó uno de los sátiros que se había quitado el disfraz–. Este hombre merodeaba junto a los carros y se ocultaba detrás de ellos para poder seguir a la infeliz muchacha. Luego, la leona ha salido, de pronto, del carro. Estaba libre. ¡He tenido un miedo espantoso! ¡Se ha dirigido hacia mí antes de arrojarse sobre la víctima!

El policía retuvo al testigo unos instantes y le preguntó dónde vivía.

–Tal vez necesitemos vuestro testimonio. Disponeos a cooperar.

El testigo asintió mirando la clámide de Alexandros que cubría el cuerpo de Neferet. La tela se empapaba de sangre.

–¿Quién es la víctima? –preguntó.

–Neferet Tusert –respondió Alexandros, que hasta entonces había permanecido pensativo.

–¿La conocíais? –interrogó el policía.

–Sí.

Cuando Helena intentó hacerse oír, el policía la interrumpió.

–Para mí, el asunto está claro. El pueblo juzgará. En el mejor de los casos, este hombre será expulsado sin juicio de la ciudad.

–¡La madre de Neferet nunca demandará a Alexandros! –exclamó Helena, temblorosa y sorprendida.

–Si es así, siempre encontraré a un alejandrino dispuesto a presentar una denuncia ante un magistrado contra un hombre tan nefasto. Tal vez no sea necesario, puesto que hay flagrante delito.

–¡Ejecútalo pues! –exclamó su colega en tanto colocaba un cuchillo en la garganta de Alexandros.

–¡No! ¡Dejadle! –protestó Helena–. ¡Os habéis vuelto locos! Alexandros es un erudito. Trabaja en la biblioteca real, en una historia de Grecia. ¡Es huésped personal del rey!

El policía miró a Helena con escepticismo.

–Todo esto no me parece claro. ¿Por qué seguía a la pobre mujer?

–¡Habla, Alexandros! –insistió Helena.

El macedonio pareció salir de su estupor.

–Perdonadme. La muerte de Neferet me ha trastornado. ¡Era una mujer tan hermosa, tan llena de vida...! Y todo ha ocurrido tan deprisa. Apenas acabábamos de hablar. Ella había venido a mi casa.

Helena frunció los labios.

–Sí –precisó Alexandros ante la intransigencia del policía–. Vivo en un apartamento que su hermano, Setnajt, puso a mi disposición. Setnajt se convirtió en mi amigo, y Neferet...

–¿Neferet?

–Neferet también.

Helena bajó la mirada y pareció, de pronto, conmovida.

–También vos conocíais, sin duda, a la víctima –afirmó el policía, poco convencido.

–Claro. ¿Quién no conocía en Alejandría a Neferet Tusert, la hija del gran mercader de vinos? No dejaba indiferente a nadie. Sobre todo a los hombres.

Para que el policía no imaginara una historia de celos de amor, añadió enseguida:

–Y ahora está ahí tendida. ¡Qué atroz final!

Otros policías llegaban corriendo.

–El animal ha sido rodeado en los jardines de palacio. Vamos a disparar contra él flechas envenenadas, para que muera de acuerdo con el deseo de los dioses. ¡No puede seguir con vida tras haber matado a una persona!

–Caso cerrado...

Mientras Helena intentaba oponerse por última vez al arresto de Alexandros gritando que se trataba de un terrible error y que Diké, la diosa de la Justicia, vengaría a Alexandros si los hombres lo declaraban culpable, irrumpió la madre de Neferet y se arrojó sobre el cuerpo de su hija.

La concurrencia calló, por respeto al dolor de una madre. Sollozó largo rato sin que nadie la ayudara a levantarse. Luego, las mujeres presentes comenzaron a lamentarse y a golpearse el pecho, uniendo su llanto al de la madre de Neferet, a quien todos observaban con la mayor consideración. Levantó de pronto los ojos hacia los que la rodeaban y pidió ayuda.

–Levantadme –suplicó–. El dolor es excesivo. ¿Por qué es tan implacable el destino?

–El cuerpo de Neferet ha abandonado la tierra, pero su alma vive aún entre nosotros. Podrás consagrarle ofrendas para satisfacerla –le dijo un alejandrino–. Será un bálsamo para tu dolor.

La madre de Neferet estalló de nuevo en sollozos. Pero, al levantar los ojos, lanzó un grito terrible señalando con el dedo a Alexandros.

–¡Este hombre mató a mi esposo! ¡Trae la muerte con él! Habla a las plantas y a los animales para lanzarlos contra nosotros. ¡Tened cuidado! ¡Mi hija ha muerto por su culpa!

Los alejandrinos, excitados por esas palabras y por el vino que habían bebido en abundancia, se volvieron con terrible aspecto de pronto hacia Alexandros.

Helena se colocó ante él con los brazos abiertos, y convirtió su cuerpo en una muralla contra la amenazadora muchedumbre.

–¡Deteneos, estáis locos! Soy la hija del muy honorable Zenodoto y juro, por todos los dioses del Olimpo, que Alexandros es inocente. ¡Tengo pruebas!

–Ya veremos –concluyó el policía.

La apartó y se llevó a Alexandros.

El macedonio pasó la noche en una minúscula celda que olía a moho. Al alba no había visto a nadie aún, con la única excepción del carcelero que le había encerrado sin consideraciones en aquel antro infestado de ratas y le había servido un infame puré de cebada en una copela mugrienta. Tenía hambre y estaba sucio y cansado, pues no había dormido, acechando el menor ruido, en espera de que fueran a liberarlo en cualquier momento. Se sentía ahora abandonado por todos.

«Si pudiera avisar a mi tío. Pero ¿cómo hacerlo? ¿Cómo enviarle un mensaje? Todos los alejandrinos parecen haberse aliado contra mí. ¿Qué les he hecho? Mi tío tenía razón: nunca hubiera debido venir aquí.»

Luego, más alentado, se trataba de cobarde y juraba vengarse de sus enemigos y de quienes ponían trabas a su investigación.

«¡Ayudadme, Isis, Artemisa y Deméter! Ayudadme vosotras, que protegéis a la familia y el hogar, vosotras, que hacéis respetar la justicia.»

Pero ningún paso turbaba el silencio de su mazmorra.

Pronto un rayo de luz se filtró por la minúscula abertura de su celda. Dobló en cuatro la manta que le servía de cama e intentó en vano alcanzar aquel ventanuco situado junto al techo, por donde corrían arañas y cucarachas, poco acostumbradas sin duda a ver turbada así su soledad.

«Me pregunto dónde estoy. ¡Es imposible mirar por la maldita ventana! Nada conozco de las mazmorras de la ciudad –se dijo–. ¿Estaré en los sótanos de palacio?»

Alexandros pensó en las palabras de los policías que lo habían encerrado. Su función los obligaba a hacer un informe para su superior, el astínomo. Éste consultaría, sin duda, con un nomofilax y un tesmofilax, ya que ambos desempeñaban un papel esencial en los procedimientos judiciales. Pues bien, tal vez los dos funcionarios trabajaran para el dieceta. Apolonio no podía abandonarlo así.

«Claro –se dijo lamentándose más aún–. Si es cómplice o, ¿quién sabe?, responsable del asesinato de mi padre, Apolonio verá ahí una excelente ocasión para librarse de mí. ¡Estoy perdido!»

Luego se sobrepuso de nuevo.

«Después de todo, Apolonio no tiene razón alguna para estar informado de mi arresto. No es gran juez de Alejandría ni archidicastero. No está encargado de la vigilancia de los tribunales. Alejandría tiene sus jurados, su interlocutor de las causas, sus árbitros públicos y sus tribunales con sus secretarios. Por desgracia, el archidicastero es un funcionario real y Helena cometió la torpeza de afirmar que yo era huésped del rey. La policía investigará primero este punto esencial. Sin duda, estoy perdido.»

Fueran cuales fuesen sus razonamientos, Alexandros volvía siempre al dieceta y al rey, cuyo poder legislativo era absoluto y que daba órdenes directas al archidicastero. El macedonio se preguntaba constantemente si sería juzgado por los laocritas[1] o por los crematistas, a quienes Tolomeo ha-

1. Jueces indígenas. *(N. de la A.)*

bía dado la misión de juzgar a los griegos. Recordaba con desesperación el conocido caso de Hermias.

«¡Por todos los dioses! ¡Que al menos mi proceso sea más breve que el suyo! Hermias pasó ante los crematistas, los estrategas, los epistrategas y los epístatos del nomo[1]. Su proceso duró diez años.»

El macedonio se estremeció al pensar que el dieceta tenía el poder de delegar a un crematista y dictarle de antemano la sentencia.

«¡Calma! Esto no un asunto de fraude fiscal.»

El silencio se hacía cada vez más denso. Unas gotas de agua caían, a intervalos regulares, en la galería. La humedad le transió los huesos. Advirtió que su túnica estaba desgarrada en muchos lugares.

«La policía me ha tratado sin miramientos. Heme aquí vestido como un mendigo. Si mi tío me viera, él, ¡que siempre cuidó mi aspecto! ¡Creo que el pobre hombre se moriría! A fin de cuentas, tal vez sea mejor que no conozca mi infortunio!»

Una blanca claridad, insólita, paseaba su evanescente haz por los muros grises y chorreantes de la celda. Los ojos de Alexandros, acostumbrados a la oscuridad, parpadearon. Se desprendía de aquel polvo de sol un luminoso chorro de vida, casi indecente, que intentaba violar un espacio prohibido.

La mirada del macedonio se asió a aquella luz de esperanza. Fascinado y fatigado a la vez, Alexandros se sentó en el suelo y acabó cerrando los ojos. Estaba adormeciéndose cuando un gran estruendo le despertó.

–¡Vamos, de pie, muchacho! ¡Sois libre!

Alexandros creyó soñar.

–¿Libre? –murmuró, y cerró los ojos que apenas había abierto.

1. Los epístatos eran delegados del rey en el interior de un nomo. El valle del Nilo estaba dividido en nomos o regiones, subdivididas a su vez en barrios. *(N. de la A.)*

–¡Sí, libre, y se os presentan excusas, además!

–Pero ¿quién sois?

–No importa. Soy un funcionario de palacio, agregado de justicia, y he recibido la orden de examinar vuestro caso. No temáis. Todo está arreglado. Helena Zenodoto ha sido escuchada. Sois inocente.

Alexandros se levantó con dificultad.

–Perdonad mi aspecto. No estoy muy presentable.

–¡Y por nuestra culpa!

–¿Puedo salir?

–¡Claro que sí!

–¿Es ya la hora del desfile?

–¡Oh! Es muy pronto. Si deseáis asistir a las pruebas gimnásticas, tenéis todo el tiempo para prepararos. Creo que sería, en efecto, un excelente modo de aclarar la mente.

–¿Asistirá el rey, como anunció?

–Nuestro soberano no se perdería el espectáculo por nada del mundo.

–¡Perfecto!

Alexandros cruzó la puerta de su celda.

Al fondo de una oscura y abovedada galería, apareció una viva claridad que le deslumbró.

–Por aquí –lo guió el funcionario–. Seguidme.

–¿Han detenido al culpable?

–¿Qué culpable?

–La mujer que murió era una amiga. Neferet era hija de Tusert, el mercader de vinos...

–Lo sé. Pero ¿no fue el animal el verdadero culpable? La fiera fue abatida y arrojada a una fosa, donde se pudrirá.

–¿Y... eso es todo?

–No sé nada más. ¡Vamos! Si deseáis descansar antes de asistir al hipódromo para los concursos en honor de Dioniso, debéis regresar enseguida a casa.

Alexandros siguió por el oscuro pasillo al que daban numerosas celdas vacías. Temió, de pronto, que aquella liberación fuera una trampa y que, al salir, lo aguardara una cohorte de soldados dispuestos a matarlo con el pretexto de que había huido. El hambre y la fatiga turbaban su juicio.

Una reja de hierro cerraba el extremo del pasadizo abovedado abierto a un jardín público, cercano al hipódromo.

–¡Ya está! –dijo el funcionario a la par que se adelantaba para abrir la reja.

Alexandros se sorprendió al hallarse en medio de flores y bosquecillos, animados por el canto de múltiples pájaros.

–¡Valor! –le susurró el funcionario sin dar más explicaciones–. Tal vez nos veamos uno de estos días, en palacio.

Alexandros le saludó con aire extraviado y regresó por el camino más corto, evitando cruzarse con algunos alejandrinos que podían reconocerlo. Incluso desgarró un faldón de su túnica para cubrirse la cabeza.

–Ya puestos a ello... De todos modos, parezco un vagabundo. Mejor será que no reconozcan mis rasgos, de lo contrario, tras haber sido tratado de asesino, pronto sería el hazmerreír de toda la ciudad.

17

Alexandros tuvo muchas dificultades para regresar a su casa. Cojeaba y sentía un profundo dolor en la espalda, que le recordó que los policías no se habían limitado a detenerlo...

Vio con satisfacción que su puerta no estaba cerrada y comprendió que Helena había ido a abrirla aquella misma mañana.

–¿Qué habría hecho, si no? Me lo arrebataron todo y no me han devuelto nada. ¡Qué extraño asunto y qué rápida liberación!

Pero Alexandros estaba demasiado cansado para seguir haciéndose preguntas. Se tendió en su yacija completamente vestido y se durmió de inmediato. Una gran agitación mezclada con exclamaciones de alegría lo despertó. Corrió a su ventana. Alejandrinos y extranjeros llegados de todos los horizontes, más numerosos todavía que la víspera, desfilaban cantando, danzando y lanzando flores al cielo. La multitud se dirigía al hipódromo.

–¡Por todos los dioses! He dormido mucho. Quería llegar antes que ellos.

Alexandros tomó un rápido baño, metió los pies en un recipiente de tres patas con forma de zarpas de león y se frotó vigorosamente la piel con una pasta poco consistente. Se envolvió luego en una túnica corta que dejaba desnudo uno de los hombros. Se la ciñó al talle con un cinturón y la sujetó en su hombro con una fíbula. Su primer deseo fue dirigirse enseguida a casa de Zenodoto, para darle las gracias a Helena y llevársela al hipódromo.

–Te esperaba –le dijo Helena–. Mi padre se ha marchado ya. Sabía que vendrías.

–¿No habíamos decidido ir juntos al hipódromo?

Helena lanzó un suspiro de alivio.

–Quería agradecértelo. Creo que, sin ti, habría muerto.

Por el camino que les llevaba al lugar donde iban a medirse los mejores jinetes, Helena reveló al macedonio qué difícil le había resultado hacerse oír.

–¡Es increíble! Zenodoto es uno de los ciudadanos más honorables de Alejandría y nadie parecía confiar en su hija. Solicité primero una entrevista con Apolonio, que al principio se negó a recibirme. Ni siquiera mi padre quería oírme, a pesar de ser tan justo. No lo conozco. Ha vuelto a marcharse armado al hipódromo, como si temiera que también a él lo asesinaran. ¿Se habrá vuelto loca, de pronto, esta ciudad?

Alexandros la escuchaba sin manifestar la menor sorpresa.

–¿Acabó recibiéndote Apolonio?

–Forcé su puerta durante la noche. Tuve que hacer un verdadero escándalo en palacio para que se mostrara, por fin, razonable.

Alexandros no reconocía ya a la muchacha tímida y reservada que había conocido al llegar. Helena parecía animada por una pasión que le insuflaba un valor que nadie habría sospechado bajo tan delicada envoltura.

–Has corrido considerables riesgos, Helena. El dieceta es un hombre muy poderoso que habría podido hacer que te encarcelaran.

–¿Con qué pretexto?

–Los pretextos no faltan cuando se buscan. Mejor será no enfrentarte nunca así con los máximos personajes del Estado. Júrame que no va a repetirse.

Helena inclinó la cabeza sin convicción.

–Espero sobre todo que Apolonio no se vengue en mi padre.

–Estoy casi seguro de que no va a hacerlo –la consoló Alexandros.

Alexandros sintió una fuerte emoción al acercarse al lugar del festejo.

De todas las calles de la ciudad convergían miles de espectadores, vestidos con ropas multicolores y coronas de flores.

Compraban a los mercaderes, instalados en los alrededores del hipódromo mientras duraran las fiestas, golosinas, pasteles y cojines. Algunos policías intentaban poner orden en la circulación y obligaban a los carros a alinearse más lejos, en fila india. Tenían que pasar por una estrecha puerta de piedra antes de rodear el hipódromo.

Alexandros y Helena pronto se vieron detenidos por un embotellamiento.

–Ven, vayamos por arriba –aconsejó Alexandros–. Si supieras qué divertido es ver como se pelea esa gente... Esta mañana he creído que tardaría en volver a verlo.

Escalaron la colina contra la que se adosaba parte de las graderías del hipódromo.

–¡He olvidado las fichas de entrada! –exclamó Alexandros.

–Los concursos son gratuitos hoy –respondió Helena.

–¡Ya ves cómo me ha hecho perder la cabeza este asunto! Y ni siquiera te he dado las gracias como hubiera debido.

Estrechó la mano de la joven en la suya y se la llevó a los labios. Estaba ardiendo.

–Te debo mucho.

–No hablemos más de ello. Seguramente habría preferido que nunca hubieras tenido relaciones con esa mujer. Neferet era conocida en Alejandría y...

–¿Qué sabes, en realidad?

Helena vaciló.

–Ayer os vi. Te esperaba en tu casa y...

–Entonces, ¿me seguiste cuando nos separamos?

–Sí –reconoció Helena bajando los ojos–. Me avergüenza reconocerlo.

–Levanta la cabeza, Helena. No te avergüences de un acto que me ha salvado la vida. Sin duda los dioses guiaron tus pasos y tus pensamientos pues, de otro modo, te creo incapaz de semejante falta de delicadeza.

–Eres indulgente, Alexandros.

–No, lúcido. Comienzo a conocerte y te sé tan incapaz de un acto reprensible como Neferet era capaz de lo peor.

–Y sin embargo...

–Y sin embargo, me dejé seducir por ella. Es cierto. No puedo darte explicación alguna...

Helena le puso un dedo en los labios.

–No me debes ninguna explicación. ¿Por qué vas a justificarte? No soy tu mujer ni tu madre. Eres libre de amar a quien te parezca.

Alexandros sonrió, pues adivinaba que Helena se interrogaba, no obstante, por la atracción que sintió hacia Neferet, que ella reprobaba.

–En realidad, podría dejarte en la ignorancia, pero creo que te debo la verdad. Por desgracia, no puedo contártelo todo. Sepas, sólo, que no amaba a Neferet como un hombre puede amar a una mujer.

–Neferet era atractiva e incitadora.

–Lo reconozco. Pero eso no importa. Yo tenía, sobre todo, que conocerla mejor, a ella y a su familia. Porque he venido a Alejandría para estudiar y escribir, pero también para comprender mejor mi pasado. Intento saber por qué y por quién fueron asesinados mis padres. No te diré nada más. Sepas, sólo, que mis investigaciones me llevaron a casa de la familia Tusert, que el mismo día en que pensaba conocer a Iyi Tusert, éste fue asesinado, y que Neferet se disponía a ayudarme cuando murió.

–¿Alguien intenta dificultar tu investigación?

Alexandros se guardó mucho de revelar a Helena la existencia de los reconocimientos de deuda que afectaban a su propio padre.

–No sé nada más. Alguien intenta hacer que me acusen o encarcelen para que abandone la región, obligado por la fuerza. Reconozco que no lo comprendo.

Helena no intentó saber más.

–Sin embargo, Neferet estaba desnuda... –murmuró como conclusión.

Alexandros fingió no haberla oído.

–Ven, sentémonos aquí –dijo–. Los alejandrinos comienzan a invadir los graderíos por las puertas bajas. Coloquémonos en un extremo. Así veremos los carros cuando giren alrededor de los estípites.

–Creía que deseabas ver al rey. Estará abajo, en la tribuna del centro, junto al sacerdote de Dioniso y los jueces.

–Sobre todo, quiero hablar con él...

–Será difícil con tanta gente. Llega siempre en el último momento y se marcha enseguida, con su escolta. Dudo de que acepte hablar contigo pues, en ese caso, tendría que conceder audiencia a otros alejandrinos, y sería interminable. Tolomeo tiene como regla no hacer excepciones.

–Tienes razón. Ya veremos. Acerquémonos a la tribuna.

Alexandros y Helena bajaron por la escalera de acceso a las graderías y se sentaron dos filas por encima de la tribuna de piedra donde estaban las personalidades.

Las graderías pronto estuvieron repletas, de modo que los alejandrinos se acomodaron en las laderas de la colina, sentándose en el suelo. El hipódromo había sido limpiado y adornado con flores. Grandes olivos daban sombra a los últimos que habían llegado, acostumbrados a esas selectas plazas que dominaban la pista. Todos habían traído su almohadón, transformando así la verde colina en un inmenso tablero multicolor.

Cuando hubieron hecho los sacrificios a los dioses y jurado que respetarían el reglamento de los concursos, los jueces, rodeando al sacerdote, entraron en el hipódromo por la puerta central, de piedra. Unos toques de trompeta anunciaron la llegada del rey.

Un fuerte olor a carne asada se extendió por las graderías.

–Los sacrificios han terminado –le dijo Alexandros a Helena–. El aspecto de los jueces permite augurar una excelente jornada. Los animales debían ser numerosos y jóvenes. La divinidad estará satisfecha. Favorecerá el desarrollo de los concursos. Por lo que se refiere a las verificaciones de costumbre, se han realizado con sorprendente rapidez.

–Siempre es así en Alejandría –dijo Helena gritando para que la oyera, pues la muchedumbre, entusiasta, era muy ruidosa.

–En Macedonia, los jueces descubren en cada concurso a adultos que se inscriben en las pruebas juveniles, perseguidos por la justicia o esclavos que no tienen derecho a inscribirse en los juegos ni a participar en ellos. El año pasado, un hombre se puso incluso una peluca para competir con mujeres y vencer. Lo descubrieron en la última prueba, porque perdió la peluca cuando los caballos, asustados por el incendio de unos matojos, se detuvieron de pronto.

Helena soltó una carcajada.

–Decididamente, vosotros, los macedonios, no sois como todo el mundo...

En cuanto los jueces se sentaron en la tribuna que se les había asignado, el rey entró en el hipódromo, escoltado por su guardia personal.

Todos se levantaron para aclamarlo y contemplar su vestido de ceremonia, pues Tolomeo tenía fama de cuidar mucho su aspecto.

A Alexandros le sorprendió descubrir a un rey heleno que llevaba con majestad los atributos de los faraones egipcios.

–Y, sin embargo, el soberano de Alejandría no habla la lengua de sus súbditos...

–¿Sus súbditos no son griegos antes que egipcios? ¿Olvidas, Alexandros, que Alejandro Magno fue también faraón, y que Tolomeo Filadelfo no lo sería hoy sin el paso de su ilustre antecesor por Egipto?

–¿Cómo olvidarlo? Pero hoy me parece aplaudir a Ramsés II más que a Tolomeo el Griego.

El soberano se dirigió al centro del hipódromo para recibir a los delegados de las ciudades, y luego se acomodó con sus hijos ante los jueces. El instante se hizo más solemne todavía, pues los atletas se disponían a entrar en el hipódromo por la puerta utilizada por los jueces, que les estaba negada a los simples espectadores.

Los alejandrinos nunca olvidaban que los concursos se organizaban en honor de Dioniso, ascendiente de Tolomeo, y que los atletas actuaban también según la voluntad divina.

En las primeras carreras de cuádrigas y bigas competirían los hombres. Vestidos con una larga túnica drapeada que les llegaba a los tobillos, los aurigas subieron a la caja del carro tras haber bebido una copa de vino y proclamado, mirando al cielo: «¡Bebo en honor de Dioniso!». Luego colocaron sus carros en la línea de salida. Ellos mismos habían sorteado su lugar por medio de unas habas, justo antes de entrar en el hipódromo. Juntos formaban el dibujo del extremo de una gigantesca flecha o de un triángulo con los colores de sus respectivas cuadras. Los ricos propietarios de los tiros, que habían pagado el oro de los arneses, el entrenamiento de los aurigas y el transporte de los carros, tenían asignado su lugar en las primeras filas, junto a la entrada principal. Todos podían apreciar cómo los aurigas trataban a los caballos, y observaban su actitud en la salida. Los aurigas sujetaban las riendas con una mano y sostenían un látigo en la otra. La mayoría se había quitado las sandalias para no resbalar en la caja del carro.

Cada vez que asistía a pruebas gimnásticas, Alexandros no podía dejar de recordar sus lecturas escolares, cuando el gramático le enseñaba Homero. Aquellas carreras le traían a la mente muchos relatos épicos en los que los héroes homéricos se enfrentaban en concursos de jefes dignos de los futuros atletas olímpicos, con frecuencia para honrar la memoria de un jefe difunto. Y aquellas coronas de oro, los trípodes de plata y los animales que aguardaban a los vencedores le recordaban las mujeres o los talentos de oro que Aquiles ofrecía a los mejores atletas, trescientos años antes.

Su tío había procurado convertirle en un hombre robusto, de consumada inteligencia, con el cuerpo y el espíritu sanos, digno de los antiguos atenienses.

–Quiero que tengas maestros dignos de los de Aquiles, tan buenos pedagogos como lo era el mítico Quirón –le decía su tío, intransigente–. Quiero que sepas combatir y defenderte como sabían hacerlo, antaño, los micenos, que eran capaces de luchar contra las bestias salvajes desde que tenían doce años y que no vacilaban en atravesar a los trece un río de aguas heladas. ¡Intransigencia y generosidad, ésas eran sus palabras clave! También quiero que seas capaz de soportar el dolor como los jóvenes gimnopedas de Esparta, que luchaban bajo el sol abrasador desde los once años, sin quejarse nunca, para darme algún día sólidos sobrinos. Quiero que sepas defender tu país y que te conviertas en un excelente cazador, como todos los nobles de esta región.

«¡Ah! Mi buen tío –se dijo Alexandros–. ¿Qué habría sido de mí sin él?»

–¿Sabes, Helena, cómo quería llamarme mi tío? Hipócrates. Pues decía que es preciso tener siempre, en el nombre, la palabra «caballo», *hippos*, para que quede noble.

Helena, riéndose, le pidió que callara, pues la carrera estaba a punto de comenzar. Alexandros siguió sumido en sus pensamientos. Pensaba en los tiempos en que, adolescente, iba a casa de su maestro de gimnasia, con el alabastro lleno de aceite en la mano. Se recordaba en la palestra, entrenándose en la lucha y el boxeo con sus camaradas, a los sones del oboe, desnudo, con una gorra de piel de perro en la cabeza y el cuerpo cubierto de aceite y arena.

Recordaba aquellas penosas sesiones de baño que seguían al entrenamiento, cuando un esclavo le rascaba la piel con una estrígila para quitarle aquel revoltijo de polvo y arena que lo había protegido del sol, y que facilitaba las presas de sus adversarios. Estaba tan bien dotado que su tío soñaba en hacer de él un niño pítico, que habría competido en el estadio de Delfos mientras sus compañeros aprendían música. ¡Cuánto tiempo había pasado en las salas de lectura de la palestra, en la biblioteca, contemplando entre dos lecciones los bustos de Hermes que adornaban el patio donde se entrenaba cada día!

Cuando un maestro de gimnasia intentó convencer a su tío para que lo mandara a Olimpia, Alexandros había recordado de pronto las advertencias de Platón y de Aristóteles contra los peligros, para el espíritu, de un entrenamiento deportivo intenso.

Su tío había aceptado su elección. Alexandros sería, ante todo, un erudito, aunque en algún momento lo había tentado la carrera olímpica, que le habría proporcionado, al igual que a su familia, honores y privilegios excepcionales.

El macedonio no podía permanecer, por eso, insensible a los concursos gimnásticos que conmovían los más irreductibles corazones. Más allá del éxito, el envite era divino y superior al entendimiento humano. Sin embargo, aunque los ojos del macedonio estuvieran clavados en la pista elíptica que los carros se disponían a recorrer, sus pensamientos estaban en otra parte. En aquel instante se preguntaba cómo podría acabar con el poderoso Apolonio y con qué arma lo mataría.

18

Las dos primeras carreras se habían celebrado ya cuando Helena susurró al oído de Alexandros:

–¡Mira! Aquél es el personaje al que debes seducir si quieres llegar al rey.

Un hombre ricamente vestido y adornado con joyas fue a sentarse detrás de la tribuna. El rey se volvió hacia él y le hizo una señal con la cabeza.

–Agnathos –susurró Helena–, el consejero del rey.

–Creía que Apolonio tenía ese cargo.

–Apolonio es un funcionario oficial. Agnathos, en cambio, no vive en palacio, pero el rey lo consulta y lo escucha. Todos los que desean obtener un favor del rey tienen que recurrir a él. Está en muy buenos términos con Amyntas, el intendente de palacio. El hermano menor de Agnathos recibe, regularmente, lecciones de Hierocles, el maestro de escuela de palacio. Como adivinarás, Hierocles es partidario del equilibrio entre los estudios literarios y el atletismo.

–¿Asiste a las competiciones?

–Sí –respondió Helena, y señaló a un hombre sonriente y tranquilo–. Es aquél.

–¿Y el tal Agnathos tiene realmente tanto poder como dices?

–Más todavía. Hasta el punto de que un día pudo permitirse prestarle a un pirata la cubertería incluida en los inventarios de la vajilla de palacio y pasar mercancías, fraudulentamente, por el puesto de Menfis. Para evitar pagar derechos sobre las mulas compradas en el Fayum, las mezcló con las que hacían el recorrido entre Filadelfia y Menfis por cuenta de Apolonio, que, como es natural, está exento de tasas.

A su alrededor se multiplicaban las invitaciones al silencio. Helena bajó la voz.

–Agnathos ha sabido constituir una red de amigos que le avisan cuando se pasa de la raya. Se dice que el mes pasado Apolonio descubrió en su cofre un error de contabilidad. Le faltaban diez talentos, y Agnathos no era, al parecer, ajeno a la desaparición. La desvergüenza de este hombre supera lo comprensible.

–No me gusta ese tipo de individuo.

–Y sin embargo es un hombre al que conviene conocer. Al igual que a Artemidoros, el médico de Apolonio, que desempeña junto al dieceta el papel de favorito. El ministro encuentra, incluso, tiempo para intervenir personalmente cuando se trata de comprar un establo en la tierra que le ha concedido, en Filadelfia. Artemidoros es un hombre que no tiene suficiente vuelo, goza descubriendo nuevas especies de ajo.

–¿Es honesto?

–¡Oh, sí! ¡Más que Agnathos!

Alexandros tomó la mano de Helena.

–Sin duda alguna, me resultas preciosa, Helena.

Alexandros le pidió a la joven un pedazo de papiro.

–¿De dónde quieres que saque un pedazo de papiro?

Alexandros señaló un escriba que, en primera fila, tomaba notas sobre la carrera.

–Tienes más encanto que yo –dijo Alexandros entre sonrisas.

Helena suspiró e intentó deslizarse por las filas, a pesar de las protestas de los espectadores. Pronto estuvo de regreso con un pequeño rollo de papiro.

El rey, intrigado, había seguido con la mirada los manejos de la muchacha. Alexandros aprovechó para saludarlo con una respetuosa inclinación de cabeza. Luego trazó algunas palabras dirigidas a Agnathos con la ayuda de su material de escritura, del que nunca se separaba.

Entre dos carreras, Alexandros hizo una señal a un alejandrino que vendía tortas para que se acercara y entregase el mensaje a su destinatario.

La carrera que el rey esperaba acababa de empezar. Más hermosa que nunca, Bilistiché, con la cabellera al viento y la túnica levantada hasta las rodillas, hacía chasquear su látigo por encima de las crines de sus caballos negros. Su hombro derecho, delicadamente descubierto, convertía a aquella mujer en una auriga sensual y salvaje, parecida a Artemisa cazadora.

Durante la carrera que atraía todas las miradas, Alexandros siguió con los ojos al mensajero y sorprendió el asombrado movimiento de Agnathos, que miró en su dirección. El macedonio lo saludó aguardando su respuesta. Tras unos minutos, el vendedor de tortas volvió hacia él y le susurró al oído:

–De acuerdo. Todo está arreglado.

Alexandros le puso unas monedas en la mano y, luego, observó el final de la carrera. La amante del rey se mostraba llena de ardor y valentía. «Debía aguardar la desaparición de Arsinoe para imponerse –se dijo–. ¡Qué mujer; corre a los cincuenta años como si tuviera veinte!»

El público se puso de pie para saludar su actuación, que fue coronada con el oro. Mientras Bilistiché daba una vuelta a la pista al trote, Agnathos le hizo a Alexandros una señal para que se reuniera con él.

–He aquí a Alexandros, del que acabo de hablaros –le dijo al rey.

–¡Ah, Alexandros! ¡El sabio que acaba de llegar de Macedonia!

Encantado por la victoria de su amante, el rey invitó al macedonio a entrar en la tribuna, a pesar del reglamento. Pareció dichoso de hablar y se dirigió a él en términos calurosos y paternales. La emoción del soberano conmovió a Alexandros.

«Si algún día necesito su misericordia, tal vez pueda confiarme a él», se dijo.

–¿Estáis satisfecho de la acogida que se os ha dispensado en Alejandría?

Alexandros tranquilizó al rey, añadiendo que su trabajo había sido facilitado por la ayuda de Setnajt, el hijo del difunto Tusert, y por la de Calímaco.

–¿Y en qué punto están vuestras investigaciones?

–No esperaba obtener resultados tan pronto.

–Nuestra biblioteca es incomparable. ¡El rey de Pérgamo se muere de envidia!

Tolomeo era apuesto todavía. Tenía unos ojos dulces y una voz apaciguadora. Aureolado por una reputación de beneficencia, su imagen le confería un fulgor divino que intimidó un poco al macedonio. «Estoy ahora ante un personaje histórico», se dijo, y lo estremeció un ligero temblor.

–Me satisface en sumo grado conoceros –insistio el rey–. Precisamente, había dado órdenes a Apolonio de que os invitara a palacio.

Alexandros no mencionó el silencio del dieceta.

Durante unos instantes, el rey lo miró sin decir palabra, produciéndole una turbación mayor todavía.

–Sois un hombre robusto –prosiguió–. Tenéis el aspecto de un atleta. Sin duda os habrá gustado la victoria de Bilistiché, ¿no?

–Bilistiché conduce su carro como una campeona. Si se presenta a los próximos Juegos Olímpicos, no cabe duda de que se traerá a Alejandría una corona de olivo. Su talento le permitiría, incluso, presentarse a los Juegos Nemeos, a los Juegos Píticos y a los Juegos del istmo de Corinto.

–Una campeona panhelénica...

–Sí. Tiene clase para ello.

–Eres hábil, Alexandros. Sin duda sabes que Bilistiché vive en palacio.

Alexandros vaciló antes de reconocer que, efectivamente, lo sabía. Le gustó que el rey lo tuteara con naturalidad.

–Bien. Prefiero que mis invitados sean honestos. Me habría entristecido oírte mentir...

Agnathos estaba asombrado ante la duración de la entrevista, que el rey no parecía querer abreviar.

–El pueblo aguarda a su soberano para la conclusión de las competiciones –intervino Apolonio, mirando con curiosidad a Alexandros.

–¡Muy bien! Soy todo suyo. Apolonio, haz que Alexandros sea invitado a palacio lo antes posible.

–Pero... he hecho que Kriton prepare mi flotilla privada para nuestros próximos desplazamientos con todos los navíos de mar y las chalanas nilóticas. Los funcionarios, los contables y los escribas habituales están listos para partir. Incluso han descansado tres días y tres noches, para poder trabajar durante toda la jornada...

–¿Desde cuándo discutes mis órdenes, Apolonio? Arréglatelas para que Alexandros venga a palacio antes de nuestra partida. Desearía prolongar esta agradable entrevista y conocer mejor a nuestros sabios. Invitarás también a Teócrito antes de que se vaya, pues ayer me gustó mucho su himno en mi honor.

El dieceta le hizo a Agnathos un discreto guiño.

–Cierto es, ilustre rey, que tus ocupaciones son múltiples y tu horario está muy cargado hasta nuestra partida. Por lo que a mi respecta, debo controlar las nuevas obras...

El rey calló, luego prosiguió dirigiéndose al dieceta:

–Tengo la impresión de que me ocultas algo, y yo detesto eso. Ambos sabemos a qué atenernos. Limítate pues a escucharme. El arquitecto Cleón controlará las obras. Es su trabajo y lo hará mejor que tú.

–Pero vive en Crocodilopolis, la metrópoli del nomo Arsinoítes.

–Sus hijos viven en Alejandría y acepté recibirlos en la Corte. También acepté, a cambio, las jarras de ágata de Cleón. Cleón trabaja con un adjunto. Está rodeado por una docena de colaboradores que pueden dirigir perfectamente las obras de Alejandría. Tiene a sus órdenes más de mil obreros.

–Cleón se encarga ya del acondicionamiento de los nuevos canales para aumentar la red hidráulica y controla los que existen. Su tarea es pesada...

–¡Como las sumas de dinero que pasan por sus manos!

–¿Cómo puede, al mismo tiempo, preparar proyectos, establecer presupuestos, encargar materiales de construcción, hacerlos transportar hasta las obras, ocuparse de los salarios y del cuidado de los obreros e inspeccionar los trabajos?

–¿Acaso no le ayuda el ecónomo que te representa en el nomo? Si éste es ineficaz, elige a otro.

–No es lugar para hablar de los asuntos de Estado –intervino Agnathos.

Pero el rey estaba decidido a no ceder.

–Controlar los acueductos acondicionados a través de los campos para permitir a los campesinos irrigar sus tierras es tarea del ecónomo. Comprobar si los canales tienen la profundidad reglamentaria, es cosa suya. ¡Que Cleón se ocupe pues de las obras!

De pie ante el rey, acuciado por sus dos interlocutores, Alexandros no sabía qué actitud adoptar. Las carreras estaban terminando entre salvas, de aplausos y aclamaciones.

–Quiero, ¿me oyes bien, Apolonio?, quiero que los treinta y seis nomos de Egipto estén en manos de funcionarios competentes, para que los treinta y tres mil trescientos pueblos que los constituyen me veneren. Siempre te he pedido que no te muestres cicatero en la elección de los nomarcas, de los toparcas y de los comarcas[1]. Hice incluso que el nomo Arsinoítes se dividiera en tres partes, para que esté mejor administrado.

Apolonio estaba muy contrariado por recibir en público órdenes del rey. Contuvo su cólera, pero se puso tan rojo que Alexandros temió un escándalo.

1. El nomarca es el jefe del nomo; el toparca, el jefe de una toparquía (división de un nomo); y el comarca, el jefe de un pueblo. *(Nota de la autora.)*

–La discusión ha terminado –concluyó el rey–. Cleón recibe un salario mensual de cuatrocientos dieciséis dracmas. ¡Que controle las obras pues! Y mucho más cuando sólo paga cinco dracmas mensuales a cada obrero.

–Pero ¡no están sólo las obras públicas! Cinco ecónomos me han informado de infracciones y ninguno de ellos está investido de poder judicial. Debo también encargarme de eso.

–Que el ecónomo instruya los procesos y utilice a sus portadores de látigo para que los sospechosos confiesen. Entregará los culpables a los crematistas... Tengo ganas, incluso, de anular mis visitas. A fin de cuentas, puedes partir sin mí. Los ecónomos y los antígrafos son responsables ante ti de todas las irregularidades.

–No nos interesa tener descontentos a los campesinos –intervino Agnathos–. Les gusta ver a su rey durante las giras de inspección. Hay que ir a todas partes, hablar con todos, alentar a todo el mundo. Si algunos de ellos cuestionan a los secretarios o a los jefes de pueblo, sobre algo que se refiera a las actividades agrícolas, hay que ordenar una investigación y hacer lo posible para restablecer la justicia.

–Todos los ecónomos y los antígrafos me conocen...

–No es suficiente.

–Por una vez, puedes partir sin mí –dijo el rey a Apolonio–. Mantén un estrecho contacto epistolar con tus colaboradores en Alejandría. Ejecutarán tus órdenes como si estuvieras aquí.

–¡Sea! –dijo por fin el dieceta–. Organizaré una gran velada con varios sabios antes de abandonar Alejandría... con vos.

–El pueblo nos mira –susurró Agnathos al abandonar la tribuna.

El rey saludó a los espectadores. Felicitó a los vencedores y se retiró con su escolta, no sin haber hecho jurar a Alexandros que le pediría todo lo que pudiera necesitar.

Helena no apartaba los ojos de la tribuna. La duración de

la entrevista la sorprendía y se moría de curiosidad por saber lo que estaban diciendo. Cuando volvió a sentarse a su lado, Alexandros parecía satisfecho pero no dijo ni una palabra. El soberano lo había conquistado. Lo había encontrado bueno e inteligente, honesto y terriblemente solo, al igual que todos los reyes.

–¿Qué te ha parecido nuestro rey? –le preguntó Helena, dispuesta a escuchar un largo relato.

–Bien. Muy bien. Mejor de lo que imaginaba. Esperaba ver un rey griego. He visto, primero, un faraón y, bajo su corteza de rey, he descubierto a un hombre sensible.

Alexandros había querido conocer, sobre todo, los vínculos que unían el dieceta al rey. Le gustó comprobar que el soberano conservaba toda su lucidez en sus relaciones con los funcionarios que le servían.

–Hablas de nuestro soberano como de un hombre ordinario, Alexandros.

–¿No es, en primer lugar, un hombre hecho de carne y hueso?

Helena inclinó la cabeza.

–¡Ven! –le dijo él.

Helena se levantó, como todos los espectadores.

–¿Adónde me llevas? ¿No iremos a los banquetes ofrecidos por los vencedores?

Alexandros hizo una mueca.

–No me gustan los baños de multitud alrededor de una mesa, y dudo de que el rey vaya.

–¡De modo que sólo te interesa el rey!

–No exactamente –dijo Alexandros sonriendo–. Alejémonos de la muchedumbre.

Helena lo siguió a regañadientes. Abandonaron el hipódromo por el camino que habían tomado a la ida y se aventuraron por una vía desierta que corría por el campo, al revés que la oleada humana que se dirigía al centro de la ciudad.

–Pero ¿adónde me llevas? –insistió Helena–. No hay por aquí vivienda alguna. Este camino lleva a un cementerio...

–Ya lo sé. ¿Tienes algo contra los cementerios? Allí están las almas de los muertos. Los egipcios afirman que esas almas abandonan los cuerpos para alimentarse y mezclarse con los vivos.

Helena se encogió de hombros.

–Mi padre tiene razón. A veces eres extraño. No te comprendo.

Alexandros respondió a estas palabras con una sonrisa enigmática. Como Helena permanecía de pie en el camino, él la tomó del brazo para incitarla a seguir.

–Confía en mí, sólo quiero enseñarte algo.

19

Durante algún tiempo aún llegaron hasta ellos los gritos de entusiasmo de la muchedumbre que aclamaba a los vencedores en los concursos. Los más felices eran los que habían apostado antes de las carreras. Habían ganado una gran suma de dinero, un ternero o una joya que podrían regalar a su mujer.

Ante Alexandros y Helena se extendía una campiña silvestre donde crecían olivos y laureles. Rasas colinas parecían rodearlos por todas partes. El camino de tierra se hacía cada vez más estrecho. En el suelo seco y claro se advertían las roderas de los escasos carros que pasaban y que habían aplastado las malas hierbas.

–¿Estás seguro de que quieres proseguir? –preguntó Helena–. Tal vez hubiéramos debido tomar un carro...

–Ya no estamos muy lejos.

–¿Lejos de qué?

–Del lugar a donde quiero llevarte. Desde aquí veo el olivo. Lo reconocería entre mil.

Helena miró ante ella. Decenas de olivos jalonaban la campiña, pero prosiguió su camino sin rechistar.

–Después de esta curva habremos llegado –le anunció Alexandros.

Pronto estuvieron en las tierras del macedonio.

–Bueno, ya está. ¿Qué te parece?

–¿Qué quieres que me parezca un montón de piedras? No comprendo...

–Esta propiedad era la de mi padre.

Helena comprendió la emoción de Alexandros. Se excusó por su torpeza.

–Para todo el mundo, esta propiedad ya es sólo un montón de ruinas –reconoció Alexandros–, pero esta tierra es la guardiana de los recuerdos de mi infancia. Cuando vengo aquí tengo la impresión de que los dioses me hablan y se disponen a relatarme lo que antaño ocurrió.

–Te ponen en guardia, sobre todo, contra los peligros que amenazan tu vida –dijo una voz.

Alexandros se volvió rápidamente.

–¡Tú! ¡Vieja! Te he estado buscando durante días y días...

La anciana no quería que se le acercaran.

–Escúchame, Alexandros. No soy tu enemiga, ni mucho menos. Debes creerme. Abandona Alejandría cuando todavía es tiempo. Has tenido ya una muestra de las desgracias que pueden caer sobre ti. Nunca serás aceptado en esta ciudad. Los alejandrinos conocen tu historia. Te consideran un dios infernal dispuesto a perjudicarlos.

–Eso es ridículo –respondió Alexandros dirigiéndose hacia ella.

–¡No te acerques! No pienso seguir discutiendo contigo. Pero te imploro que me escuches y te marches.

–¿Quién es esta mujer? –preguntó Helena inquieta.

–No lo sé –dijo Alexandros dejando que la anciana se alejara–. Afirma ser vidente o hechicera. En la ciudad, nadie la conoce. Creo que se trata, sencillamente, de una vieja loca.

–Me estremece...

–No es muy tranquilizadora, lo reconozco.

Alexandros invitó a Helena a sentarse al pie de su olivo y le contó lo que sabía de su infancia.

–Toma, te doy este anillo. Pertenecía a mi madre.

Helena vaciló antes de aceptar. Tendió sin embargo su mano izquierda al macedonio, que puso el anillo engarzado con turquesas en su anular tras haberle quitado el que lo adornaba desde hacía años.

–Tengo este anillo desde mi infancia. Me lo compró mi madre.

Lo depositó en una piedra que antaño había sido parte del muro de la planta baja de la propiedad. Luego siguió al macedonio por los escombros.

–Los obreros han comenzado ya el trabajo. Hoy están todos en la fiesta, pero confío en ellos. Espero poder vivir de nuevo en esta casa dentro de unos treinta días.

–¿Pese a las predicciones de la vidente?

–Entonces habré resuelto ya lo que me preocupa y no correré riesgo alguno. Compraré armas y perros guardianes. Si es necesario, colocaré un hombre armado en la entrada de la propiedad.

Cuando hubo examinado el estado de las obras, Alexandros volvió al pie del olivo.

–¡Mi anillo! –exclamó Helena–. ¡Mi anillo ha desaparecido! Lo he dejado allí, en aquella piedra. ¿Quién ha podido cogerlo? No he visto a nadie.

–Tal vez haya vuelto la vieja. Si ha sido ella, sabrá quién soy. Vamos a buscarla inmediatamente.

–Pero ignoramos dónde se esconde...

–Sin duda, en el cementerio. Ven conmigo.

En cuanto los dos jóvenes cruzaron la reja del cementerio donde descansaba la familia de Alexandros, la sombra de la vieja se dibujó en el suelo.

–Mira –murmuró Helena señalando el suelo con sus dedos.

–Se oculta detrás de esa tumba. ¡Vamos, sal! –gritó Alexandros.

–¿Cómo osas turbar el alma de los muertos? –susurró la vieja tras salir de su escondrijo–. Los dioses infernales te lo harán pagar algún día.

–Tengo que decirte dos palabras.

–¡No te acerques!

Alexandros vaciló.

–Sea. Pero escúchame. Has robado el anillo de Helena y quiero que se lo devuelvas enseguida.

–Juro por Artemisa la de las mil mamas que nunca he cometido semejante acto. La pequeña ha debido de perder el anillo.

Helena negó con la cabeza.

–Es imposible –le dijo a Alexandros–. Recuerdo perfectamente haberlo dejado en la piedra.

La vieja parecía sincera. Alexandros no insistió, y llevó a Helena hasta la tumba de su madre.

–¡Son unas sepulturas magníficas! –exclamó Helena.

–Ignoro quién las cuida de este modo. Mi familia descansa ahí, pero no he visto en ninguna parte el nombre de mi padre.

–¿Y si tu padre estuviera vivo aún?

–Lo lamento, pero eso es imposible. Sus restos fueron reconocidos. Debe de estar enterrado con mi madre.

Oyeron un ruido de pasos.

–¡Ocultémonos detrás de esa sepultura!

Contuvieron la respiración por unos instantes.

–¿Quién es?

–El jardinero. Vela con esmero por estas tumbas.

Cuando hubo pasado, Helena le sugirió a Alexandros intentar saber más.

–Quedémonos aquí –dijo– y observemos. Veremos quién pone flores en estas tumbas. Los ramos son frescos. Las flores fueron cogidas ayer. Por lo que se refiere a las ofrendas de carne, no han tenido aún tiempo de secarse.

El jardinero volvía y Alexandros le hizo a Helena una señal para que callara.

–¿Alguna vez se ha visto a un jardinero haciendo así la ronda? –susurró–. Parece un soldado.

El crepúsculo envolvía ahora el cementerio con un tranquilo frescor. Todo estaba silencioso.

–Mis padres se preguntarán dónde estoy –susurró de nuevo Helena.

–¡Shtt!

Un hombre avanzaba entre las sepulturas con los brazos cargados de flores, frutos y vituallas. El jardinero le cerró enseguida el paso.

–Soy yo –dijo el hombre.

–¡Ah, te esperaba! ¿De nuevo comida para los Agathos?

Déjala en las tumbas y coge la otra. Podrás dar los restos a los pobres del barrio egipcio. Cuando las almas de los difuntos vengan a saciarse, sería enojoso que encontraran alimentos averiados. Esta negligencia podría acarrear una maldición.

–Quédate tranquilo. Siempre hago mi trabajo del mejor modo.

El jardinero observó al hombre sin apartar de él los ojos. Alexandros le indicó a Helena que retrocediera y se ocultara más aún.

–¿Qué ves? –murmuró ella.

–No gran cosa. Un hombre vestido con una clámide roja. Lleva un gorro. No consigo ver sus rasgos.

–¡Vamos!

–¡Es demasiado peligroso!

–¡No, no! ¡Vamos! ¿Quieres saberlo o no?

–Tienes razón –dijo Alexandros, y se levantó de pronto para lanzarse hacia el desconocido.

–No sigas adelante –ordenó el jardinero interponiéndose entre ambos hombres–. Si das un paso más, eres hombre muerto.

Al ver que el hombre emprendía la huida, Alexandros se jugó el todo por el todo. Apartó con un gesto la lanza que el jardinero dirigía a su pecho y se lanzó tras el desconocido. Pero el jardinero le alcanzó y le hizo rodar por el suelo. Lucharon unos instantes.

–¡Helena, alcánzale! –gritó Alexandros.

La muchacha le hizo una señal desesperada. El hombre estaba ya lejos.

20

–Padre, hoy te he visto en el cementerio, el que está junto al barrio de los judíos. ¿Qué hacías allí?

–Pero ¿qué estás diciéndome, hija? Regresas tarde, nos tienes preocupados ¡y somos nosotros los que debemos darte explicaciones!

–Vosotros no, padre. Tú. Sólo tú. Te he visto hacer ofrendas en la tumba de los Agathos.

–¡Esta muchacha está loca! –le dijo Zenodoto a su mujer–. ¡Que yo he llevado ofrendas a la tumba de los Agathos! ¡Ni siquiera sé dónde están enterrados!

–Tranquilízate, padre. No le he dicho a Alexandros que te había reconocido. Pero no podía confundir tu clámide con ninguna otra.

–Nada se parece más a una clámide que otra clámide –dijo su madre intentando tranquilizarla–. ¿Y si nos contaras lo que tanto te conmueve?

Helena aceptó sentarse y beber un gran cubilete de cerveza. Luego, le contó a su madre su aventura.

–¡Mi hija está loca! Arriesgarse así con un desconocido que se pelea al crepúsculo. ¡Habrían podido matarte! Debes haber confundido a tu padre con ese hombre.

–¿Por qué? ¿Estaba padre contigo?

Letho se mostró turbada.

–Sí... Bueno, sí, estaba aquí. Esta tarde ha vuelto temprano.

–¿Y dónde está su clámide? ¿Por qué está sobre ese cofre? Si padre ha regresado temprano, no tenía necesidad alguna de manto. ¡Hoy hace mucho calor!

Zenodoto acabó por demostrar impaciencia.

–¡Ya basta, Helena! Desde que tratas al tal Alexandros

has cambiado. ¿Así hablas con un hombre que respeta al rey?

Helena se excusó.

–Esta noche no comeré –añadió luego–. No tengo hambre.

Al día siguiente, Helena no se levantó. Irritado, su padre subió a la habitación con la firme intención de sacarla de allí, pero no esperaba ver tan mal a su hija.

–Suda desde el alba –le dijo la sierva Thallis, mientras le secaba la frente con un paño.

–Y delira –añadió Letho, muy inquieta–. ¡Por todos los dioses! ¡Te lo había dicho! Ese Alexandros ha hecho enfermar a nuestra hija. Quiere vengarse y ha heredado poderes mágicos de su padre.

Zenodoto permanecía atónito ante el rostro lívido de su gimiente hija.

–Está inconsciente. Se mueve tanto que parece poseída por un dios. Es imposible calmarla.

–Prepararé una poción apaciguadora con algunas plantas –propuso Thallis implorando a los dioses que ayudaran a su «pequeña dueña».

–Apresúrate, Thallis –rogó Letho–. Me temo lo peor.

–Voy a buscar a Phormios a la esquina, y espero que no haya salido de visita.

–¡Deprisa! Nuestra hija está cada vez más pálida.

Letho levantó el paño que obstruía la ventana de la habitación y dejó entrar la luz naciente. Volvió junto al lecho donde estaba tendida Helena con las manos cruzadas sobre el pecho, tomó la mano de su hija y contempló el anillo que brillaba en su dedo.

–Pero ¿qué habrá hecho con su anillo y quién le ha dado éste? ¡Que no sea, al menos, un regalo envenenado de ese macedonio de mal agüero!

Intentó en vano desunir sus dedos para quitarle la joya.

–Debo romper el sortilegio. Si a mi hija la han hechizado, sólo ha podido ser por medio de este anillo.

Pero no consiguió quitárselo. A cada uno de sus esfuerzos, Helena gemía y murmuraba palabras incomprensibles.

Letho se asomó a la ventana para ver si regresaba su marido con el médico. Les vio muy pronto.

–¡Por Zeus! Phormios estaba en su casa.

Llamó a Thallis, que volvió con una jofaina de agua y una poción caliente cuyas emanaciones se propagaron pronto por toda la habitación. La sierva intentó levantar a Helena y sentarla para que bebiera, pero la joven cayó de nuevo en la cama empapada en sudor.

–¿Desde cuándo está en ese estado? –preguntó el médico en cuanto entró en la habitación.

–Desde esta mañana.

–¿La noche ha sido tranquila?

–Lo ignoro –respondió Letho–. Thallis ha encontrado así a nuestra hija. Tal vez tengamos que buscar a un curandero o a un intérprete de sueños...

–Son numerosos los que frecuentan los santuarios de Asclepio, aunque poco eficaces.

Phormios había heredado los conocimientos de su padre, un antiguo esclavo que había aprendido la medicina con los consejos de su dueño. Al final de su vida, le había manumitido para agradecerle sus servicios y su eficacia. Phormios tenía ahora sus propios esclavos, que le servían de ayudantes y que aprendían así la práctica de su arte.

–Os incito a ser prudentes con esos hechiceros que recorren templos y cementerios.

Como hombre originario de la isla de Cos, donde había nacido el padre de la medicina, Phormios prefería someterse al juramento de Hipócrates.

–Por mi parte, nunca he dado veneno a nadie, aunque a veces me lo han pedido para abreviar los sufrimientos. Cuando entro en una casa cualquiera, lo hago por la salud de los enfermos y absteniéndome de cualquier injusticia y cualquier fechoría voluntaria. Curo a mi prójimo sin distinción de clase ni origen y no exijo a mis pacientes sumas astronómicas. Desconfiad de quienes intenten enriquecerse a vuestras expensas.

–Pero Helena parece muy enferma...

Phormios se acercó al lecho y se sentó en el borde de la cama.

–Tiene fiebre, nada más. Delira a causa de la enfermedad. Vi cosas más graves cuando era médico de los gimnasios. Fracturas, esguinces, luxaciones, fiebres...

El médico tocó la frente de la enferma y tranquilizó a Letho.

–Voy a hacer una sangría y le colocaré ventosas.

Thallis corrió hacia la escalera para ir a buscar las ventosas de cuerno que estaban en la cocina.

–También compraréis unas plantas en casa del farmacéutico. Las recibió ayer por la mañana del cortador de raíces. Veamos...

El médico pensó unos instantes antes de elegir las variedades de plantas más eficaces.

–Éstas las empleo desde hace poco. En Grecia no las conocíamos, pero los egipcios me han enseñado mucho en este terreno. Mañana volveré con mi propio preparado y, si me parece necesario, tendré a Helena en mi casa durante unos días.

Letho confiaba en aquel hombre cuyo talento había sido reconocido por la asamblea de los ciudadanos y a quien la ciudad había confiado un laboratorio y le había prestado también un local para las consultas y las operaciones.

–La ciudad correrá con todos los gastos.

–Perfecto.

–¡Ahora no soy ya un médico privado! Reconozco que prefiero cuidar a mis enfermos gratuitamente, pues a veces los había tan pobres que no me atrevía a pedirles nada. Si Helena necesita cuidados intensivos, mi enfermera egipcia se encargará de ello. He elegido una mujer en lugar de un hombre pues algunas enfermas prefieren confiar sus problemas a otras mujeres. Nos entendemos muy bien en el trabajo, la ciudad ha puesto incluso a mi disposición una partera, pero no creo que la necesitemos por ahora.

Phormios consiguió que Letho sonriera.

–No tardará. Nuestra hija está en edad de casarse, pero todavía no es el caso. De momento, sólo os pido que la curéis.

Phormios le tomó de la mano, palmeándola, como solía hacer con sus enfermos.

–¡Vamos! ¡No vais a desalentaros por una fiebre de nada! Estoy seguro de que las ventosas lograrán curarla.

Pese a las pociones de Phormios y a los cuidados de sus padres, el estado de Helena empeoró. Letho estaba tan desesperada que aceptó la oferta del médico, que albergó a Helena en su consulta.

Zenodoto la llevó a casa de Phormios envuelta en una gruesa manta, a pesar de la estación, pues la joven no dejaba de temblar. No reconocía ya a nadie y balbuceaba palabras sin ilación.

La morada que la ciudad de Alejandría había puesto a disposición de Phormios era sencilla. Todas las estancias daban a un pórtico interior que venía tras un patio, precedido a su vez por un vestíbulo. Orientado al sur, el pórtico dejaba pasar el sol por encima de los techos, manteniendo la casa en un ligero frescor de la mañana a la noche. La consulta, decorada con mosaicos que no tenían relación alguna con la medicina y situada al norte, justo detrás del pórtico, recibía toda la luz. La estancia debía de servir, antaño, de sala de banquetes. Por lo que al antiguo comedor se refiere, se utilizaba como habitación de descanso. La enfermera de Phormios se acercó a ellos en cuanto llegaron.

–Acostémosla aquí –dijo, ayudando a Zenodoto a deshacer la manta que envolvía a Helena–. Yo misma la velaré.

Phormios parecía preocupado. Abrió una estancia donde se alineaban pequeños cubiletes que desprendían olores de mixturas y de plantas ácidas. Una bodega completaba la planta baja.

Pero a pesar de todos los cuidados que Phormios proporcionó a Helena durante días y largas noches, a pesar del afecto que le brindó, Helena cayó en la inconsciencia al quinto día. El propio médico imploró a los dioses que le ayudaran.

–Reconozco mi impotencia –le dijo a Zenodoto–. Subestimé la gravedad de la enfermedad. Consultad a un hechicero. Tal vez se produzca un milagro.

Aquella noche, Letho habló a solas con su marido.

–Esta vez, lo he decidido. Puesto que tú no tienes valor, yo misma conversaré con Alexandros. Estoy segura de que es un buen muchacho y lo comprenderá. Le devolverás el dinero que debías a su padre.

–Ése no es el problema, ya lo sabes.

–¡Lo diré todo, Zenodoto! Es normal que el muchacho sepa lo que le ocurrió a sus padres. Renunciará así a arrebatarnos la vida de nuestra hija. Siento que se ha apoderado de su alma.

–No digas tonterías. El alma de los hombres pertenece a los dioses.

–Recuerda a Agathos, Zenodoto. En la ciudad se decía que poseía poderes sobrenaturales y que tenía el don de hacer enfermar a quien lo atormentaba.

Zenodoto se encogió de hombros, estremecido.

–¡Cállate con tus locuras! ¡Atraerás la mala suerte sobre esta casa!

–Creo que la mala suerte ha llegado ya y que todos vamos a perecer, cuando nada tenemos que ver con la desgracia que cayó sobre Alexandros. Porque nada tenemos que ver, ¿no es cierto, Zenodoto? ¿Nunca me has ocultado nada? Es el momento de que me confieses la falta...

–¿Dudas de mí? Eso es extraordinario. Creo estar soñando. Mi hija y mi mujer no me respetan ya, ¡al responsable de la biblioteca real, de la mayor biblioteca del mundo!

–¡Oh! No te des tantos aires conmigo, Zenodoto. Te respeto, pero sé también de qué eres capaz.

Zenodoto enrojeció de cólera.

–Esta vez ya he oído bastante. ¡Me insultan! ¡Me tratan de asesino!

–Pero ¿por qué vas siempre armado? Ni siquiera sabrías utilizar un cuchillo. ¿Qué temes desde la muerte de Tusert?

–Nunca se sabe. También Neferet ha muerto y el asesino no está en la cárcel todavía.

–Sólo fueron accidentes.

–No estoy yo tan seguro.

–De cualquier modo –concluyó Letho–, estoy decidida a hablar con Alexandros y nadie, ni siquiera tú, me hará cambiar de opinión.

Zenodoto no intentó disuadirla pues, en el fondo de sí mismo, estaba convencido de que aquella era la mejor solución. La enfermedad de Helena le había lacerado el corazón. No acudía a la biblioteca desde hacía dos días, confiándolo todo a Calímaco, y dejó en suspenso hasta sus propios trabajos. Nada parecía ya tener interés para él, salvo la curación de su hija.

–Ve entonces –dijo dirigiéndose a su mujer que, sin embargo, había abandonado la estancia dejándolo con su dolor–. ¿Te he impedido alguna vez hacer lo que querías?

Luego salió en silencio de su morada y se dirigió al templo de Asclepio, al sur de la ciudad, junto al lago Mareotis. Se llevó consigo numerosos frutos, una bolsa de carne de cerdo y un buen hígado de ternera para ofrecérselos al dios.

Atravesó longitudinalmente la ciudad a través de la calle principal, y caminó con los ojos bajos para evitar saludar a los alejandrinos que lo reconocieran. Anduvo mucho tiempo así, dirigiéndose al lago, hasta la puerta del Sol.

El templo del dios sanador se hallaba junto al serapeum.

Zenodoto depositó las ofrendas al pie del altar y suplicó al dios que escuchara su plegaria. El fulgor rojizo del sol hirió entonces los ojos de la estatua del dios, que parecieron animarse con un brillo amistoso, y Zenodoto se echó a llorar pues vio en ello un signo favorable a la curación de Helena.

21

A Alexandros le extrañó no tener noticias de Helena. Se preocupó cuando, en la biblioteca, oyó a Zenodoto revelar sus temores a Calímaco, porque estos dos hombres no eran propensos a hacerse confidencias.

Mientras, Apolonio había organizado una gran fiesta en honor de los sabios, geógrafos, matemáticos e historiadores invitados por el rey de Alejandría. Tolomeo, según se decía en la ciudad, se deleitaba ya con la velada pues apreciaba mucho las discusiones con «quienes dirigían el mundo».

«El tal Apolonio es un hipócrita. Me pregunto por qué el rey confía tanto en él. En los nomos, hombres de paja lo dirigen todo a su guisa. Ellos mismos han colocado a sus amigos en los mejores puestos. Apolonio se ha creado así una red de cómplices que serían peligrosos para Tolomeo si se volvieran contra él y tomaran partido por el dieceta.»

Alexandros estaba convencido de la culpabilidad del dieceta en el asesinato de su padre. Había observado sus maniobras y evaluado su ambición.

«Si quiero vengar a mi familia, debo hacerlo antes de que Apolonio inicie su gira de inspección. Podría permanecer lejos de Alejandría más tiempo del previsto.»

Alexandros decidió actuar la víspera de la fiesta.

«Apolonio trabajará hasta tarde. Estará solo y será fácil sorprenderlo. Será el momento adecuado.»

El macedonio aguardó a que anocheciera en su habitación, con la mano en la empuñadura cincelada de la corta espada que iba a matar a Apolonio. A la hora de cenar, cuando las calles de la ciudad estuvieron menos animadas, se puso en los hombros un ligero manto que ocultaba su arma. Se deslizó al exterior y evitó cruzarse con un vecino.

Caminó con buen paso hacia palacio, penetró en uno de los jardines que rodeaban la mansión real y avistó la ventana del despacho del dieceta.

«Todavía está allí. ¡Estaba seguro de ello!»

Se presentó luego en la entrada de palacio y se hizo anunciar.

«Estoy seguro de que el rey confiará en mí y comprenderá mi gesto –se dijo Alexandros–. La justicia y los dioses están a mi lado.»

Varios guardias griegos escoltaron a Alexandros hasta el despacho del dieceta.

–¿Qué estáis haciendo a estas horas? –exclamó Apolonio–. ¿Teméis acaso que no os incluya en la lista de invitados?

Alexandros respondió enseguida:

–Creo que no me «incluiríais» de buena gana... Pero no me parece que el rey os permita decidir.

El dieceta recuperó la soberbia que había perdido en el hipódromo.

–No conocéis nuestra ciudad, Alexandros, de lo contrario sabríais qué grande es mi poder ante el rey.

El macedonio quedó desconcertado por la seguridad con que hablaba el dieceta.

–¿Os sorprende? –prosiguió Apolonio, a quien nada se le escapaba–. Si no me creéis, informaos.

Alexandros quedó unos instantes silencioso antes de responder, fríamente:

–He venido esta noche a arreglar unas cuentas y a hablar de mi familia.

Apolonio palideció.

–¿De modo que tú has matado a Tusert y a su hija? Estaba seguro de ello.

–Estabas tan seguro que querías que me quedara en la cárcel.

–¿Por qué has actuado así?

Alexandros había sacado su espada y Apolonio se dispuso a llamar a un guardia.

–No te lo aconsejo –dijo Alexandros acercándose a él.

–Cálmate, entonces. Eso es insensato. Voy a decirte lo que sé.

–Te escucho –dijo tranquilamente Alexandros, sentándose junto a él en un taburete de madera esculpida, ricamente adornado con piedras semipreciosas.

–Comprendo tu cólera, pero te equivocas.

–Yo decidiré. ¡Habla!

Apolonio había perdido ahora su altiva serenidad. Inició su explicación en términos poco inteligibles.

–Deja de temblar, honorable dieceta –dijo con ironía Alexandros–, pues no comprendo nada de lo que dices. Si nada tienes que reprocharte, ¿por que tiemblas así?

–De hecho, tu padre era muy rico y muy poderoso. Alejandro Magno apreció mucho sus servicios cuando era un joven y valeroso combatiente. Agathos deseaba entonces instalarse en Alejandría. Tuvo aquí mucho poder; su prestigio y sus riquezas despertaron la envidia.

–¡Por eso lo matasteis! –exclamó Alexandros, levantándose y apuntando con su arma el pecho de Apolonio.

–¡No, te lo juro por Zeus, Osiris y Dioniso! Sólo le pedimos que nos prestara dinero.

–¿Quiénes?

–Tusert, yo y... Zenodoto. Por aquel entonces éramos simples ciudadanos. Tusert quería comprar un olivar. Zenodoto deseaba adquirir tratados originales que podrían cambiar el mundo, y convertirse así en un consejero del rey. Por lo que a mí respecta, me había casado con una mujer exigente y tenía que brillar ante sus ojos, montar un negocio, fuera cual fuese. Gracias al dinero de Agathos, quería procurarme tierras y...

–Y nada funcionó como habíais previsto. Gastasteis el dinero y fracasasteis en vuestras empresas. Pero entonces fue preciso pagar...

–¡No! ¡No! ¡Te lo diré todo si me das tiempo!

Pero una inesperada agitación turbó de pronto su entrevista.

–¡Fuego! ¡Fuego! –gritaban en el jardín.

Una espesa humareda llegaba ya al despacho del dieceta, que se dirigió a la puerta para pedir ayuda, pero apenas tuvo tiempo de cruzar el umbral. Una lanza se clavó en su pecho y cayó muerto, atravesado ante la puerta.

Alexandros corrió hacia él; saltó por encima del cuerpo y miró a su alrededor.

El pasillo estaba desierto. Todos los guardias habían abandonado su puesto para dar la alarma. Creyó más prudente desaparecer.

A la mañana siguiente, un indescriptible tumulto despertó a Alexandros.

–¡Vamos, sal de una vez, asesino! ¡Cobarde!

Corrió hacia la ventana y estuvo a punto de ser alcanzado por una piedra. Una pandilla de jóvenes griegos tiraba piedras contra la fachada del inmueble, insultándolo.

Cuando el macedonio se asomó a la ventana algunos huyeron, pero la mayoría siguió insultándolo y amenazándolo. Por la ciudad, en efecto, corría el rumor de que, tras haber asesinado a Tusert, Alexandros había matado al dieceta.

Lleno de rabia, bajó las escaleras y se plantó en la entrada. Unos peldaños de piedra lo separaban del grupo que lo injuriaba.

–¡Aquí estoy! Os escucho. ¿Queríais hablar conmigo? ¡Hacedlo ahora!

Los griegos dejaron de tirar piedras.

–¡Sal de la ciudad! –le gritó el de más edad.

–He oído ya esa frase. ¿Por qué debo salir de Alejandría, si he sido recibido aquí por el rey y me siento a gusto?

–Tu familia fue asesinada. Sin duda eres un demonio, puesto que escapaste a la matanza. Has venido a matar a nuestros mejores hombres. ¡Tus crímenes no quedarán impunes! Si la justicia es incapaz de hacer su trabajo, nosotros mismos haremos justicia.

Inesperadamente, Alexandros bajó los peldaños que le separaban de los griegos y se plantó ante ellos. Se hizo el silencio.

–Ya no os oigo. Siempre es fácil amenazar a un hombre desde un grupo. ¡Escuchadme bien! Entre vosotros veo a algunos amigos y eso me turba más aún. No he matado a nadie, pero Tusert y Apolonio no merecían las lágrimas que derramáis por ellos. Sin duda, formaron parte de la conjura que mató a mis padres. Ahora bien, hoy alguien es dueño de la vida y la muerte en esta ciudad. Un desconocido mató a Tusert, Neferet y Apolonio. ¡Sí! ¡Alguien me roba la venganza!

–¿Por qué vamos a creerte?

–Si crees que soy un asesino, golpéame de una vez.

–No, deja –pidió la vieja vidente que se ocultaba tras un leñador de imponente talla–. Conozco a Alexandros. Os estáis equivocando.

El leñador bajó a regañadientes su hacha.

–¡Vamos, regresad a casa!

–¡Y no lo olvidéis, sobre todo! Si deseáis descubrir al asesino, buscadle en otra parte. ¡No tengo nada que perder! ¡Lo perdí ya todo cuando tenía cuatro años! ¿Quién de vosotros vio morir ante sus ojos a sus padres, o a sus hermanos y hermanas? Perdí mi patria, puesto que nací aquí. Crecí lejos de mi ciudad y siempre luché para sobrevivir. A menudo he estado solo, y sigo estándolo hoy. Estoy solo con mi desgracia, solo frente a una venganza que no me permiten satisfacer. ¿Quién quiere darme lecciones? ¡Que hable!

Los griegos, que habían acudido armados, bajaron sus armas. Los que tenían aún una piedra en la mano, la dejaron caer al suelo y regresaron a casa. Cuando todos hubieron partido, la vieja se encontró cara a cara con Alexandros.

–Tengo que agradecértelo... –dijo el macedonio titubeando.

–Si me hubieras escuchado, no estaríamos así. Ten cuidado, que no te apuñalen algún día, cuando menos lo esperes.

–Esperaba, sobre todo, tener que enfrentarme con la policía del rey, pues todo el mundo sabe que ayer por la noche visité al dieceta.

–Eso es. Tuviste la buena idea de no esconderte y de presentarte para ser recibido, algo que no suele ser la actitud de un asesino.

–¿Cómo lo sabes?

–¿Olvidas que soy vidente?

Alexandros se encogió de hombros.

–¡Y yo soy hechicero!

La vieja se apretó el cinturón y le dirigió una afectuosa sonrisa.

–Hasta la vista, Alexandros.

El macedonio se sentó en los peldaños y pensó largo rato en lo que acababa de pasar. Luego examinó su vida, imaginó la existencia que habría podido llevar en Alejandría, con un padre respetable y poderoso. Tuvo entonces un tierno pensamiento para su tío, que sin duda sabía mucho más de lo que le había hecho creer. «Hubiera debido hacerle hablar», se dijo. Y se prometió escribirle aquel mismo día para tranquilizarlo.

22

Tras la muerte del dieceta, Alexandros supuso que la invitación del rey sería anulada. No fue así. El soberano no cambió sus proyectos ni se apresuró a nombrar un nuevo dieceta, a pesar de lo indispensable del cargo, del que dependía en Egipto toda la estructura administrativa. Prefirió dejar la elección para cuando regresara.

Después de haber escrito una larga carta a su tío, Alexandros decidió finalmente dirigirse a la biblioteca, para trabajar y, a la vez, para poder obtener noticias de Helena.

La invitación a la velada inminente le parecía ahora menos importante que en vida de Apolonio. Alexandros ya no intentaba ganarse la confianza del rey, pero le resultaría un placer hablar de nuevo con aquel culto soberano. Durante toda la tarde se preguntó qué estaba a punto de decirle Apolonio antes de morir. ¿Fue sincero cuando proclamaba su inocencia, o intentaba escapar a la muerte?

Alexandros no estaba muy contento de su búsqueda. La investigación daba vueltas y vueltas. Tenía la impresión de que lo habían manipulado desde el comienzo. ¿Quién tenía interés en despistarlo así y quién podía adelantársele? Era evidente que el misterioso asesino conocía perfectamente sus intenciones.

Mientras se dirigía a palacio, Alexandros notó que lo seguían. Redujo el paso, lanzó alguna que otra ojeada hacia atrás y, luego, aceleró de nuevo su andar. Para asegurarse de una vez, dio la vuelta a una manzana y volvió a su punto de partida. La silueta seguía tras él. Se ocultó tras la puerta entreabierta de un inmueble que daba a la calle y aguardó. Cuando el individuo estuvo a su alcance, Alexandros surgió de su escondite y le agarró por la muñeca. Su mano asió un brazo de mujer. Se debatió unos instantes, pero luego se tranquilizó. Alexandros le quitó de inmediato el chal con el que se cubría el pelo para pasar inadvertida.

–¿Vos? –exclamó Alexandros–. Pero... ¿qué estáis haciendo aquí?

–Lo mismo podría deciros yo. Me paseo, eso es todo. ¡Soltadme o llamo a la policía!

Puesto que los viandantes se volvían a mirarlos, Alexandros pensó en soltarla, pero recordó las dos oportunidades que había dejado ya escapar.

–¡Ni hablar! –dijo, y agarró la otra muñeca de la mujer–. No antes de que me hayáis revelado por qué me seguíais.

La mujer se encogió de hombros.

–¿Que yo os seguía? ¡Qué idea! ¡Ya estoy harta de veros! Os odio, Agathos, por la desgracia que habéis echado sobre mi casa. Éramos felices y, ahora, ¿qué me queda? Por vuestra culpa he perdido a mi marido y a mi hija.

Alexandros la soltó sin apartar los ojos de la madre de Neferet. Aquella mujer a la que había visto aniquilada sobre el cuerpo de su hija, le pareció de pronto más fuerte de lo que aparentaba y su mirada dura como una piedra. El rictus de su boca revelaba el odio que sentía por el macedonio.

–Iyi era un excelente marido; tierno, amoroso, atento con sus hijos. ¿Qué no hubiera hecho por su hijo y su hija? Nos lo dio todo: felicidad, reputación, bienestar, fortuna. Le estábamos agradecidos. ¡Cómo nos amaba y cómo sabía demostrarlo!

Ese discurso, que en nada se parecía al que Neferet le había hecho sobre su padre, sorprendió a Alexandros. Dudó de la sinceridad de la mujer de Tusert, que de nuevo había caído en la pesadumbre y la angustia, pero que le había mostrado un rostro muy distinto.

–No me queda ya nada –repetía sin cesar–. ¡Nada de nada!

–Ciertamente, os compadezco mucho –replicó con malicia el macedonio–, y no veo mujer más desgraciada que vos. Si siguiera en este mundo, con vos Esquilo habría escrito su mejor tragedia y habría obtenido, sin duda, un premio en un concurso dramático. Pero juro por Serapis, a quien los alejandrinos honran con tanto respeto y que hace milagros en su templo, que soy ajeno a vuestras desgracias.

La mujer de Tusert se lanzó a un largo lamento, digno de un escenario teatral. A Alexandros no lo engañó aquella comedia, que le parecía fuera de lugar a los pocos días del asesinato de Iyi y Neferet.

–¡Neferet lo tenía todo! Belleza, gracia y pudor. Los hombres venían a pedirla en matrimonio y provocaban la ira de Tusert, que protegía a su hija desde que su primer marido abusó de ella. Era sólo una niña asustada por los hombres...

«No exageremos», se dijo Alexandros.

–Hete ahí que ahora sois extremadamente rica... –declaró abruptamente.

–¡Carecéis de cualquier sentimiento humano! –le respondió con una mirada de tigresa.

Alexandros retrocedió dando un salto.

–¡Eh! ¡Es inútil que os encolericéis! Era un simple comentario. Os habéis convertido en propietaria de una inmensa propiedad que gestionaréis a solas...

–Con mi hijo Setnajt, que es más hábil que yo para esa clase de cosas.

–No lo creo –repuso Alexandros con frialdad–. Siempre trabajasteis con vuestro marido. Neferet me dijo que vos llevabais las cuentas...

–Neferet siempre tuvo la lengua muy larga.

–¿No es ésa la verdad?

–Sí.

–No me digáis que vuestro hijo es más respetado que vos en la propiedad; no os creería.

Ella, antes de responder, inclinó la cabeza y reflexionó:

–Los obreros que están a nuestro servicio, desde hace mucho tiempo, me consideran su dueña y amiga...

–Y ven en Setnajt más bien a su hijo.

–Los de más edad, lo conocieron de niño...

–Es lo que yo estaba diciendo. Sabéis que soy inocente, ¿no es así?

–¡Claro que no! ¡Os creo en verdad culpable!

–¿Y aceptáis justificaros ante mí?

–Si no me obligarais...

Alexandros levantó las manos al cielo.

–Sois libre; y me habláis. Os estáis traicionando; yo no podría dirigir la palabra al asesino de mi mujer o de mi hijo. ¿Y si conocierais al verdadero asesino? ¿Y si intentarais protegerlo? ¿Y si intentarais protegeros?

–¡Estáis loco, Agathos! ¡Seréis juzgado y condenado, lo juro por Serapis omnipotente!

Y luego dio media vuelta.

–Extraña mujer –murmuró Alexandros–. ¿Cómo puede estar tan tranquila tras el drama que ha vivido su familia?

Decidido a saber más, Alexandros prosiguió su camino a lo largo del gran puerto y llegó así al templo de Neptuno. A su espalda se levantaba el palacio de Tolomeo. La magnificencia del edificio no dejaba de asombrarlo. Tolomeo sabía celebrar suntuosas fiestas. Al rey le gustaban las ceremonias. Los poetas no le regateaban elogios ni halagos. Su afición a las letras y a la ciencia, sincera e inteligente, le venía en parte de su maestro Zenodoto y del poeta Filetas de Cos; Alexandros no dudaba de que Zenodoto asistiría a la velada.

Para la ocasión, las salas de palacio se habían decorado con magníficas flores. En todas partes los inmensos ramos brotaban de gigantescos jarrones de mármol, que reflejaban sus refinadas formas en los grandes espejos, rectangulares y ovales, enmarcados por labradas doraduras. Los perfumes ardían en las cuatro esquinas de las salas, embalsamando el aire con sus hechiceros aromas.

Cuando Alexandros llegó a la sala de recepción, el poeta

Teócrito interpretaba su *Elogio de Tolomeo*: «El esposo de la mejor de las mujeres que en la cámara nupcial haya abrazado a un joven marido, a un hermano querido en lo más profundo del corazón». Insistía en el «abundante oro que no dormía en los cofres sino que servía para recompensar a los poetas», de modo que Alexandros no pudo evitar el pensamiento de que Teócrito malgastaba su talento con aquella poesía cortesana. Bilistiché, que se daba aires de reina, intentaba convencer al poeta de que escribiera sobre sus dotes de amazona. Se pavoneaba mientras Tolomeo seguía lamentando la muerte de Arsinoe. Algunos hechiceros rodeaban al rey, que se volvía crédulo cuando se trataba de la salud, pues la vida lo había mimado tanto que pensaba vivir siempre, tanto más cuanto que había hallado, según decía, el secreto de la inmortalidad.

–Realmente, digno soberano de Alejandría, habéis hecho maravillas desde que vuestro padre llegó al rango de los dioses –dijo Teócrito saludando al rey–. Las dos avenidas que llevan del sur al norte de la ciudad estaban, esta noche, llenas de gente. Parecían innumerables hormigas. Por fortuna, una columna de jinetes hacía respetar el orden.

Quienes no solían acudir al Bruqueion[1] admiraban el suelo de mármol, pues esta piedra era desconocida en Egipto.

–¡Ah, Alexandros! –exclamó el rey cuando vio al macedonio–. ¡Esta fiesta se da en vuestro honor! Sois más que un historiador. Me han dicho que sois un filósofo de la historia, y sueño con rodearme de filósofos. Pero vedlo, me evitan, mientras que los médicos, los astrónomos y los matemáticos vienen. Quisiera reunir en Alejandría a representantes de la escuela cínica, del estoicismo y del epicureísmo. Pero estos sabios se me niegan. ¡Prefieren Atenas!

Alexandros lo lamentó discretamente.

–¡Qué idea! Atenas es presa de guerras civiles y disturbios desde hace casi cuarenta años. No se respeta ya a los prisio-

1. Palacio real. *(N. de la A.)*

neros, ni siquiera a las mujeres. Los partidos se disputan una sombra de poder. Sangre, incendios, asesinatos, sitios: ¡ésa es la suerte de Atenas! La miseria aumenta; los pequeños propietarios están arruinados.

–¡Y los epicúreos invitan a beber y a gozar de la vida! –añadió alguien de la concurrencia.

–Epicuro ha sufrido, pero su sufrimiento nunca alteró su serenidad. ¿Quién no teme la enfermedad y quién reclama la muerte? Hoy he perdido a Arsinoe y la presencia de Epicuro me sería cara. ¿Quién sabe apreciar la vida mejor que él? ¡La ilumina, la caldea, la exalta! Su amistad y su búsqueda del otro me habrían ayudado a superar el luto que me abruma, pues nada temía de los dioses; no temía la muerte ni el dolor. Podía alcanzar la felicidad.

Cuando miró a Alexandros, el soberano recuperó la sonrisa.

–Quisiera convertiros en un profesor de historia –le dijo–. Tenemos un centenar de profesores en el museo. Tendríais alojamiento y cobraríais una pensión para proseguir vuestros trabajos mientras dierais clase. No faltan los estudiantes en Alejandría, y para vos sería el medio de obtener un salario.

Alexandros se lo agradeció.

–De hecho, no carezco de nada. Mi tío me dio dinero antes de abandonar Macedonia...

–En ese caso...

El rey le habló de las nuevas adquisiciones que enriquecían su biblioteca, de la compra de libros de tablillas que habían pertenecido a los soberanos de Asiria y Babilonia. Prosiguió luego, entusiasmado, con cuestiones de geometría, las propiedades de las secciones cónicas, la trigonometría y las ochocientas cincuenta estrellas que formaban el cosmos. Inagotable, se interesaba tanto por el sistema nervioso como por la circunferencia terrestre, citando desordenadamente a Euclides, Herófilo, Aristarco de Samos y Eratóstenes.

–¿Por qué la noche sucede al día? ¿Por qué se siguen las estaciones y no se parecen? ¿Por qué los planetas se desplazan por la bóveda celeste? ¿Por qué existen eclipses de Sol y de Luna? Alexandros, vos que sois un sabio, ¿qué podríais responder a ello?

–La Tierra es un disco puesto en el agua. Alrededor de la Tierra gira el Universo.

Un discípulo de la escuela de Anaxágoras creyó oportuno meterse en la conversación para destacar ante el rey.

–¿Cómo explicarse entonces que el Sol pueda circular durante la noche, tras ese disco? –preguntó–. El Sol y la Luna son, sin duda, nubes inflamadas que caen tras haber atravesado el cielo de levante a poniente.

–Creo, más bien, que la Tierra es una esfera –intervino el soberano, satisfecho por aquella conversación erudita–. La sombra de la Tierra, que provoca los eclipses de Luna, es siempre redonda. ¿Lo habéis advertido?

Nadie se atrevió a observar que el rey utilizaba los argumentos de la escuela pitagórica al afirmar que la Tierra era redonda y giraba sobre sí misma.

–Y todos esos planetas que avanzan, se detienen y retroceden en la bóveda celeste, sin que eso pueda explicarse... Heráclito afirma que dos planetas giran alrededor del Sol y que el Sol, gira alrededor de la Tierra en un año.

–Y sin duda se equivoca –dijo Aristarco de Samos, interviniendo a su vez en la conversación.

El rey explicó a Alexandros que Aristarco había acabado, en Alejandría, su obra sobre la distancia que separaba la Luna del Sol.

–Aristarco pretende que el Sol es mucho mayor que la Tierra.

–Unas trescientas veces mayor –precisó el sabio–. Nos equivocamos al pensar que el Sol era del tamaño del Peloponeso. Además, el Sol está fijo, como todas las estrellas. La Tierra es la que se mueve.

Quienes escucharon aquellas palabras no pudieron evitar una sonrisa.

–¡Vamos, vamos! –suspiró el rey–. También yo prefiero

pensar que la Tierra, que soporta hoy a vuestro faraón, es el centro de todas las cosas. La Tierra no puede ser un planeta como los demás. Pero sólo los astros son divinos. Si te obstinas en seguir por este camino, Aristarco, me temo, que un día te veas obligado a justificarte ante un tribunal alejandrino, como debiste hacerlo en Atenas. ¿Cómo puedes afirmar que el Sol es sólo una piedra inflamada y la Luna una tierra?

Pétalos de flores cayeron del techo para anunciar la hora de la cena. A todos se les atribuyó un lecho, en el que se tendieron de buena gana. Se sirvió el vino en inmensas cráteras. Los cantos comenzaron. Las liras circularon, incluso, entre los comensales. Algunos se arriesgaron a recitar unos versos mientras sujetaban una rama de mirto o de laurel. Otros, entre ellos Alexandros, bebieron una pequeña cantidad de vino puro antes de verter unas gotas en el suelo invocando el nombre de Dioniso.

Mientras una tocadora de oboe modulaba algunas notas en su instrumento, el rey hablaba ahora, con tanta curiosidad como antes, de los numerosos viajes de sus geógrafos alejandrinos, que habían recibido la misión de establecer un mapa del mundo tan exacto como fuera posible.

–Hemos obtenido también una multitud de preciosas informaciones sobre las costumbres de los habitantes y los productos que utilizan –advirtió uno de ellos.

–Les aconsejé que utilizaran los trabajos de Piteas el Marsellés, cuyas obras son bien conocidas aquí. Mi padre, Tolomeo Soter, hablaba a menudo de ellas. Piteas había descubierto el mar del Estaño y el mar del Ámbar; antes, sólo los fenicios habían penetrado en estas regiones. Piteas zarpó de Cádiz hace unos cincuenta años. Anotó las islas que iba encontrando, y los nombres de sus pueblos. Cuando hubo dejado atrás la Galia, llegó a una inmensa isla cuya costa conoce mareas de sorprendente altura. Rodeó las blancas costas[1]

1. Los acantilados de creta de la región de Dover. *(N. de la A.)*

y recorrió el mar del Norte hasta la desembocadura de un gran río.

Todos escuchaban al rey en el mayor silencio, mordisqueando pasas, pasmados ante los conocimientos del monarca. El rey prosiguió en un tono más suave, como si contara una fábula.

–Allí, Piteas recogió ámbar amarillo. Luego se hizo a la mar durante siete días. Rodeó una isla y atravesó un gran estrecho. Llegó a las costas de una tierra escarpada, Thule[1], donde se instaló. Hizo que le indicaran el lugar donde el sol descansa durante numerosas noches. Cuando estaban en pleno estío, las noches eran cortas y los días inacabables.

Alexandros observaba el rostro del rey, que parecía el de un niño soñador.

–Piteas vio grandes bloques de hielo, y una corriente marítima[2] que procedía de los trópicos caldeaba las aguas del mar. Se mezcló con los indígenas que cultivaban avena, fruta y trigo. Eligió a algunos de ellos como pilotos y prosiguió su ruta hacia el norte, pero tuvo que detenerse porque el mar no era ya agua ni aire. Pulmones marinos[3] arrojados por la respiración del mar le ocultaban el camino a seguir. Había llegado al mar de Saturno, a las regiones marinas prohibidas. Habían pasado ocho meses de su partida y había navegado ciento quince días.

Un largo silencio siguió al relato del rey.

–Así pues, retomé las informaciones de Piteas y me dirigí hacia el norte –dijo el geógrafo.

La atención de Alexandros se dirigió, entonces, a un grupo que evocaba, algo más lejos, la curiosa muerte de Apolonio, de la que el rey parecía no querer hablar.

–Se dice –murmuraba uno de ellos– que al parecer fue asesinado por una muchacha que dejó caer uno de sus bra-

1. Noruega. *(N. de la A.)*
2. La corriente del Golfo. *(N. de la A.)*
3. Brumas. *(N. de la A.)*

zaletes al huir. Un guardia la vio salir de palacio cuando se dirigía hacia el incendiado jardín.

–¿Una muchacha? –se extrañó su vecino–. Pero ¿cómo pudo traspasarlo con una lanza?

–Ése es el misterio.

A Alexandros le costaba escuchar, pues la conversación trataba ahora de medicina y del hecho de que el rey hubiera autorizado a los médicos a disecar los cuerpos, algo formalmente prohibido en Grecia. El sabio Herófilo lo alabó por haber hecho progresar, así, la medicina, pues los egipcios estaban acostumbrados a disecar los cadáveres mediante la práctica del embalsamamiento.

–¡Ya veis qué maestros tenemos en el museo! –exclamó el rey dirigiéndose a Alexandros–. Herófilo fue formado en el rigor de las ciencias exactas por Estratón de Lampsaco, un discípulo de Aristóteles. Ambos tenemos una cosa en común, nuestro profesor, y puedo así hablar de ello con conocimiento de causa. Estratón respetaba los hechos y se preocupaba por experimentar sus hallazgos. No quería enseñar nada que no hubiese visto y manifestaba un profundo desdén por cualquier teoría que no fuera puesta en práctica.

–Y tenía razón –aprobó Herófilo–. Si lo deseáis, Alexandros, os mostraré los órganos del cuerpo humano. Mis estudiantes están llenos de júbilo ante el conocimiento de la máquina humana.

–Herófilo está escribiendo sus *Anatomica*.

Alexandros le felicitó sin sentir mucho interés por sus exaltadas palabras, pues el sabio había sacado la clepsidra, de la que nunca se separaba, y tomaba el pulso a sus vecinos.

–El sistema circulatorio y los latidos del corazón son una verdadera maravilla. Pero también está el nervio óptico y el cerebro, que es, a mi entender, el centro del sistema nervioso, y las arterias, que no deben confundirse con las venas, y la unión del cerebro con la médula espinal, y los tendones, que conviene distinguir de los nervios...

–¿No es magnífico? –prosiguió el rey–. Voy a revelaros algo: Arsinoe dio a luz a sus hijos gracias a una técnica propia de Herófilo, que ha mejorado mucho la práctica del parto. Y lamento esta noche la ausencia de Erasístrato, que sabe cómo funciona el menor órgano...

Tolomeo sonrió al ver la mueca de Herófilo.

–Es raro que los sabios estén de acuerdo... De todos modos, les debo mucho, tanto al uno como al otro, pues Herófilo supo aliviar a Arsinoe y Erasístrato adormeció un mal que me corroía con jugo de mandrágora, justo antes de operarme y extraerlo.

De pronto, todo el mundo calló para escuchar de nuevo a Teócrito, cuyos cantos alternados, que reproducían las improvisaciones de los pastores sicilianos sobre temas rústicos, eran muy apreciados por los alejandrinos.

Cuando el poeta hubo terminado, el rey incitó a Alexandros a improvisar y responder en verso a Teócrito. Era una gimnasia del espíritu a la que el macedonio estaba acostumbrado, pues sus profesores de letras le habían entrenado antaño para improvisar y así desarrollar su imaginación. De modo que Alexandros aceptó de buen grado el desafío, adoptando la vena realista y pastoral, al modo alejandrino. Cantó a los campesinos, sus costumbres y sus usos, a los árboles, las flores, los insectos y los pájaros.

Copiando a Homero, que se sabía de memoria, Alexandros hizo revivir una campiña que los invitados del rey respiraron al punto a pleno pulmón. Y como Teócrito respondía con breves añadidos y ligeros matices, mejores que las largas descripciones, la verdad se asomaba a través de la emoción.

Ambos fueron aplaudidos.

–Estoy admirado –reconoció el rey–. Alexandros ha hecho brotar auténticos pastores. Su modo de hablar era tan espontáneo y fresco... ¿Cómo conoces sus proverbios y sus supersticiones? ¿De modo que ver lobos hace perder la palabra?

–No puedo igualar la lengua de Teócrito –respondió humildemente Alexandros–. Su modo de mezclar varios dialectos griegos, así como la música de sus versos, convierten sus poemas en obras excepcionales.

La velada prosiguió con unos mimos de Herondas y la lectura de extractos de novelas sentimentales, cuya delicadeza disfrutaron porque las historias de amor eran especialmente apreciadas.

Una vez todo el mundo hubo bebido demasiado, Alexandros se acercó a los dos jóvenes que habían hablado del asesinato de Apolonio. Abandonada su seriedad, se habían entregado al popular juego del cotabo, tratando de alcanzar con el vino que quedaba en sus copas un blanco previsto a ese efecto. El juego, que Tolomeo execraba por su vulgaridad, se convirtió sin embargo en centro del interés de algunos invitados, poseídos por la pasión de Dioniso.

Alexandros se tendió en un lecho vacante y habló sin rodeos.

–Os he oído hablar de la muerte del dieceta –dijo–, y he tenido la impresión de que estabais bien informados sobre el crimen.

–En realidad, no tanto como tú, amigo –le respondió uno de los hombres–. ¿Acaso no estabas presente cuando nuestro dieceta fue asesinado.

Alexandros se ruborizó. No creía que el rumor se hubiera propagado tan deprisa.

–La verdad es que no vi nada. Os he oído hablar de una muchacha...

–Sí. Perdió uno de sus brazaletes al huir. Pero no podía estar sola; una mujer mata con veneno, no con una lanza.

–¿Y ningún hombre fue visto con ella?

–No, que yo sepa.

–¿Y cómo sabéis que era joven?

–Porque uno de los guardias la divisó. El policía encargado de la investigación nos comunicó su testimonio.

–¿Habéis visto el brazalete?

–Sí. Una joya magnífica, de oro cincelado y lapislázuli, que representa unas serpientes entrelazadas. El cierre termina en una cabeza de lechuza.

–¿Una cabeza de lechuza? –se extrañó Alexandros.

–Sí, pero no una representación clásica de la diosa Atenea. Una cabeza de lechuza cuyos dos ojos, de piedras preciosas, divergen.

Alexandros palideció y les dio las gracias. La joya no le era desconocida.

23

Al día siguiente, Alexandros corrió a casa del policía encargado de investigar el asesinato de Apolonio. Toda la policía de Alejandría había sido puesta en pie de guerra para obtener resultados rápidos.

Alexandros tuvo que insistir mucho para que lo recibieran.

–El rey nos ha ordenado que le hagamos un informe mañana mismo. ¡No podemos recibir a todo el mundo!

–Seré breve –prometió Alexandros–. Sólo quiero ver el brazalete que encontraron. Creo conocer a la persona a quien pertenece.

El policía lo miró con aire suspicaz.

–En ese caso... El brazalete está en manos del responsable de la policía que trabaja en palacio. Tomad –le explicó, tras haber ordenado a su escriba que redactara una corta carta en favor de Alexandros–. Con esta nota os recibirá y escuchará.

Aunque fácilmente hubiera podido solicitar la ayuda del rey, Alexandros quería dejar al soberano al margen de sus gestiones. Dio las gracias al policía y regresó a palacio.

El macedonio había visto, la víspera, al responsable de la policía. Éste le reconoció enseguida y ni siquiera se dignó leer la nota que le tendía.

–No es necesario –dijo riendo.

Alexandros le pidió que guardara la mayor discreción sobre su visita.

–Incluso con los personajes de mayor rango –añadió luego.

–¡Sea! Creo comprenderlo. Nadie estará al corriente, tenéis mi palabra. ¿Qué deseáis saber?

Alexandros le repitió lo que había dicho al policía.

–Voy a buscar enseguida el brazalete. Se trata de una joya de mucho valor, que nos ha llevado a investigar en la alta sociedad de Alejandría. Hemos recorrido ya las joyerías de la ciudad. Ninguna de ellas vende piezas semejantes, pero todos afirman que la joya ha sido fabricada en Grecia. El trabajo es notable...

Se detuvo para dar la orden de que abrieran un cofre en el que estaban guardadas las pruebas más importantes.

–¿Dónde está? ¡Vamos! ¡Apresuraos!

Alexandros aprovechó para preguntarle si la investigación progresaba.

–Lamentablemente, poco. Y temo lo peor. En el actual estado de las averiguaciones, no sabemos dónde buscar al culpable. Nadie vio nada salvo el guardia. La única pista que poseemos es esta joya. Por lo que se refiere a la joven, no creo demasiado en ella. Se trataba sin duda de un hombre que llevaba una peluca y un disfraz. A decir verdad, ya no sé qué pensar, y el rey nos ordenó que le lleváramos al culpable antes de su partida.

–¿Creéis que un hombre pudo ponerse ropa femenina para que no lo reconocieran?

El responsable de la policía se rascó la cabeza.

–No estoy seguro de nada. El guardia niega de plano haber visto a dos personas; ahora bien, una mujer no puede haber dado, sola, semejante lanzazo.

–Tal vez tuviera un cómplice en palacio...

–No ignoro la visita que hicisteis a Apolonio.

–¿Soy acaso sospechoso?

–Me es imposible excluir semejante eventualidad, a pesar de vuestra reputación. Pero ¿cuál sería el móvil? ¡Ah, aquí está la joya!

Alexandros lo reconoció enseguida. Se trataba del brazalete que Helena llevaba el día de la fiesta en honor de Dioniso.

–¿Lo reconocéis?

–No... En realidad, no. Me he equivocado –mintió Alexandros–. Lo siento mucho, pues me habría gustado ayudaros.

Alexandros dio las gracias al responsable de la policía, muy atento a sus reacciones y al que respetaban tanto como al dieceta del que dependía.

–Si recordáis otro detalle, una silueta, alguna reflexión de Apolonio que pudiera encaminarnos...

–Vendré a veros de inmediato –prometió el macedonio–. Desearía sinceramente ayudaros.

–¿Pensáis abandonar nuestra ciudad en los próximos días?

Alexandros sonrió.

–No. Si queréis venir a detenerme por segunda vez, estaré ahí, pero dudo de que mi arresto interese ahora a mucha gente en Alejandría.

–Sólo pensaba en recoger vuestro testimonio...

Alexandros lo saludó.

–Así lo he entendido.

Alexandros no se apresuró a ir a trabajar. Se detuvo en el Odeón, que estaba en su camino, no lejos de palacio. Penetró en el edificio semicircular, donde estaban sentados algunos estudiantes repasando las clases. Él mismo se sentó en la última grada, la más alta, que estaba a cubierto del sol, y contempló el pequeño escenario de piedra ante el que iban a veces a deliberar oradores y políticos o en la que tocaban algunos músicos.

Su mirada vacía y su aire ausente revelaban su sorpresa y su extravío.

–Realmente, no comprendo ya nada –murmuró–. ¿Helena intentó conocerme para espiarme mejor y proteger a su padre? ¿Será cómplice de Zenodoto? ¿Acaso son todos responsables de los asesinatos de Tusert y Neferet?

Alexandros se fue hacia el mercado. A aquellas horas se

acumulaban todos los productos procedentes del mar y de los campos. Del barrio de los puertos, del de los gimnasios, del barrio intelectual y militar, del barrio del Delta, poblado por los judíos, acudía una muchedumbre hormigueante y parlanchina que respondía a las escandalosas llamadas de las chalanas que iban y venían entre sus puestos y los astilleros o los almacenes situados en la rada del puerto pequeño. El pueblo egipcio se mezclaba con los soldados macedonios y los mercenarios en un indescriptible desorden.

Los ciudadanos inscritos en el registro de un demo pretendían tener prioridad sobre los simples residentes y sobre aquellos que, a pesar de que trabajaban en la ciudad, habían conservado su ciudadanía de origen.

–¿Qué haces tú aquí, campesino, comprando nuestro pescado? ¡Vuelve a tus campos! –le gritó una alejandrina a un labrador–. ¡Tú tienes ya comida, nosotros no!

Cedió sin embargo su lugar al etnarca de la comunidad judía y le saludó. Éste le respondió en arameo.

Desde el Heptastadio, el espigón de siete estadios que separaba los dos puertos de Alejandría y llevaba al faro, llegaron nuevos cargamentos de productos frescos. Desembarcaban madera procedente de Caria, de Chipre y de Fenicia, necesaria para la construcción de barcos, de la talamega real, que, aun siendo un navío de gala, también tenía funciones comerciales. De la campiña situada entre Alejandría y Canope llegaron corderos y fruta; de los lagos y las zonas pantanosas, papiro; legumbres de las tierras fértiles bañadas por el brazo Canópico y géneros notables del Delta y de Schedia, donde se había situado el peaje de las mercancías que bajaban o subían por el Nilo.

Algunas mujeres en exceso maquilladas procedentes de los lugares de placer de Canope compraban los géneros más caros. Coquetas, envueltas en su túnica, llevaban peinados variados, insólitos a veces. Sus cabellos estaban sujetos por cintas o pequeñas tocas. Su brazo derecho, puesto detrás de los riñones, hacía sobresalir su talle y su pecho.

Y en aquella ciudad construida en cuadrícula, como una ciudad de los muertos egipcia, donde los vientos etesios soplaban del norte al este, refrescando las vastas avenidas y lanzándose del mar al lago Mareotis por las menores callejas, hasta por la acrópolis donde descansaba el dios Serapis, Alexandros se sentía a la vez en su casa y lejos de su patria. Compró papiro y un cubilete de vino.

Como unos armadores se disponían a embarcar trigo para la exportación, se dirigió a la ribera del pequeño puerto, donde también se cargaban cerámica, telas, perfume, mosaico, ungüentos y aromas. Algunas coronas trenzadas en Naucratis iban a emprender el camino de Grecia, donde eran muy apreciadas. Drogas y elixires farmacéuticos zarpaban hacia Atenas. Circulaban algunos marineros con ánforas al hombro o cestos a la espalda, vistiendo cortos taparrabos. Algunos negros deambulaban descuidadamente con un cesto en la cabeza. Un esclavo negro observaba con aire arrogante aquellos vaivenes.

Sin poder aguantar más, Alexandros tuvo la repentina idea de dirigirse al gimnasio, donde todos los atletas conocían a Tusert. Compró un frasco lleno de aceite y se dirigió al terreno deportivo donde los hombres se entrenaban para la lucha, el boxeo, el pancracio, el salto de longitud y el lanzamiento de disco y de jabalina.

El gimnasio, situado cerca de la biblioteca, le había parecido bien acondicionado. No le decepcionó. El establecimiento había sido concebido para el deporte y la lectura. El patio central, cuadrado, estaba rodeado de árboles y bustos de Hermes. Jóvenes atletas se entrenaban allí con ejercicios de pelotas y aros, ante la mirada experta y severa de un profesor que vestía una clámide roja y no vacilaba en corregirlos con la ayuda de un bastón ahorquillado. Muy cerca, un tocador de oboe acompasaba sus pasos.

Alexandros se dirigió a la sala de arena y polvo. Tomó primero un baño de agua helada y se cubrió el cuerpo con arena y aceite. Cuando un esclavo le ofreció su servicio, Alexandros aceptó.

–Vengo de Macedonia –dijo–, como la mayoría de los habitantes de Alejandría, pero estoy aquí desde hace poco. No conozco lugares para comprar mi aceite. Lo he adquirido en el ágora...

Hablaba en voz bastante fuerte para que le oyeran los dos griegos que se preparaban también para el entrenamiento. Como esperaba, uno de ellos se acercó a saludarlo.

–Si puedo permitírmelo –le dijo el atleta cuyo musculoso aspecto era impresionante–, el mejor aceite es el de Tusert. Protege de las quemaduras del sol y del mordisco del viento, sin producir rojeces o picores. Te lo recomiendo y te lo ofrezco para hoy.

–Conozco el precio del aceite –respondió Alexandros–. Iré a comprarlo. Pero ¿el tal Tusert no será el hombre que ha muerto hace poco?

–Lamentablemente. Todos tememos que su casa desaparezca. Mi amigo me ha tranquilizado. Afirma que su mujer ha velado siempre por la buena marcha de los negocios, con su hijo Setnajt.

–Pues se ha librado de un patán –dijo el amigo en cuestión–. ¡Hacía años que no se dirigían ya la palabra! Setnajt soñaba en ver muerto a su padre. ¡Y ahora lo ha logrado! ¡Conozco a Setnajt! No se confía fácilmente, pero a veces la copa desbordaba y perdía la contención. Al parecer, su madre intentó incluso asesinar a su esposo, hace algunos años, cuando le pegaba. Desde entonces él trataba con las mozas de Canope. Se dice incluso que ella procuró conocer, por todos los medios, la famosa fórmula que permite conservar el vino y que lo ha matado tras haber conseguido que hablara. Si es cierto, hará fortuna.

–Y Setnajt también –respondió Alexandros.

–Amigo, puedes tomar mi aceite, pues Setnajt me lo da y se niega a aceptar mi dinero. Esta tarde iré por más a su propiedad. Eso me permitirá verlo porque, desde la muerte de su hermanastra Setnajt no viene ya al gimnasio. ¡Demasiado trabajo, sin duda!

–Conocía a la hermana de Setnajt –dijo Alexandros apartándose del esclavo que aceitaba su cuerpo desnudo y dándole las gracias.

–Su hermanastra. Neferet era hija de Tusert. La había tenido con una bailarina de Canope y la había impuesto en su casa. Era también una manzana de la discordia. ¡Ah, y Neferet era hermosa, aunque tan desvergonzada como su madre!

Ambos amigos se echaron a reír.

–¿Qué alejandrino no ha apreciado la belleza de sus formas? Era experta en el arte de amar, y ambos conservamos tiernos recuerdos.

Alexandros soltó la carcajada y en su compañía se dirigió al patio de entrenamiento.

–Dinos, ¿también tú, con Neferet...? –le preguntó el luchador.

–Sí –respondió simplemente Alexandros–. Yo también.

Alexandros no había hecho deporte desde su llegada al lugar que los egipcios denominaban «la ciudad cercana a Egipto». Le sorprendió agradablemente comprobar que no había perdido su habilidad con la jabalina, su potencia en el salto de longitud, su dominio de la lucha ni su astucia en el boxeo. Se prometió ir al estadio para hacer algunas carreras de doscientos o cuatrocientos metros, que se le daban muy bien, mientras las carreras de largas distancias nunca le habían seducido.

Aquella jornada deportiva no sólo le devolvió la afición al estudio sino que hizo también progresar su investigación. En contacto con sus adversarios, Alexandros supo, en efecto, que Tusert se lo había legado todo a su hija Neferet, salvo lo que correspondía al rey, y que Setnajt y su madre lo habrían perdido todo si la joven egipcia hubiese vivido. Tras la descripción que los atletas le hicieron de la madre de Neferet, Alexandros sintió deseos de conocerla y se prometió visitarla.

Cuando hubo concluido el entrenamiento, Alexandros se demoró con placer en las salas de filosofía del gimnasio, donde los atletas se complacían en discutir tras el esfuerzo. Disfrutó de los distintos baños, y pasó con gozo de la piscina de agua helada a los estanques de agua hirviente, donde sudó en compañía de otros macedonios instalados en Alejandría.

Se dirigió luego a la biblioteca de palacio. Su única preocupación era el estado de salud de Helena, que tal vez no estuviera tan enferma como Zenodoto quería dar a entender, ya que había acudido a palacio el día del asesinato de Apolonio.

Cuando se disponía a penetrar en el museo, Alexandros escuchó una voz familiar. El hombre hablaba en voz baja, con mucha discreción pero Alexandros se volvió, sorprendido.

–¡Tío! –exclamó–. Pero ¿qué haces aquí?

El macedonio estrechó en sus brazos al hombre que lo había educado con manifiesto afecto, casi exuberante.

Su tío le devolvió los abrazos y mostró su alegría. Los alejandrinos se volvían riendo ante tanta felicidad.

–Pero ¿qué estás haciendo aquí? –repitió Alexandros–. ¿Cuándo has llegado a Alejandría? Cuenta...

Alexandros arrastró a su tío hacia un mojón de piedra, y sobre él se sentaron.

–Despacio, despacio... Llegué hace ya unos días, pero no quería molestarte. De hecho, no pensaba comunicarte mi presencia antes de que hubieras terminado tu trabajo. Te echaba de menos y temía por ti, temía que metieras tus narices donde no debes...

Alexandros sonrió tiernamente a su tío.

–Y no has dejado de hacerlo.

–¿Cómo lo sabes?

–¡Oh! ¡No nací ayer! Pero, en fin de cuentas, tal vez sea mejor así pues es difícil vivir con un misterio tan pesado como el que envuelve la brutal muerte de seres a los que amábamos.

–¡Has puesto en peligro tu vida al viajar! Los piratas infestan los mares. ¿Qué habría sido de ti si el navío que te ha conducido hasta aquí hubiera sido atacado?

–¡Y además se trataba de un barco mercante!

Alexandros fingió encolerizarse.

–Reflexioné. No soy una mujer joven y bonita, que unos piratas podrían vender en los mercados, ni un hombre fuerte que pueda convertirse en un buen esclavo. A mi edad, todo me está permitido...

–¿Y dónde te alojas?

–En casa de un griego de Philippi.

Cuando Alexandros quiso invitarle a compartir su habitación, el anciano se negó.

–Yo iré a dormir al museo, donde se albergan los sabios invitados por el rey. Estarás más tranquilo...

–Ni hablar. Vas a prometerme que proseguirás con tus investigaciones, como las empezaste, sin preocuparte por mí. Sabe sólo que estoy en Alejandría, por si me necesitas. Y ahora vayamos a degustar una de esas especialidades cuyo secreto conoce esta magnífica ciudad. Alejandría me devuelve la juventud, con su lujo y su placer de vivir. Sé que mi tierra y nuestros animales están en excelentes manos; nuestro vecino Pibos se ocupa de ello. ¡Hacía mucho tiempo que no viajaba! Tal vez sea mi último viaje, pero habré regresado a Alejandría.

24

Cuando Alexandros llegó al barrio de Canope, el sol estaba en su cenit. Los jóvenes griegos frecuentaban las numerosas tabernas, y algunas mujeres de ropas anchas y ligeras, con brazaletes en las muñecas y los brazos, entre el codo y el hombro, recorrían las calles. Todas llevaban collares, pendientes y aros en torno a los tobillos. La mayoría de aquellas joyas, en forma de espiral o de serpiente enrollada, les daba aspecto de egipcias, aunque la mayoría fuera griega. Sus orejas aparecían decoradas con pequeños círculos de metal precioso, adornadas con un rosetón o figuras de animales que, al mismo tiempo, les servían de amuleto. Se daban aire al caminar, con abanicos de madera en forma de corazón y hojas de yaro, que producían una hermosa armonía de colores, verde, azul, blanco y dorado. Todas aumentaban su estatura gracias a unos tacones que colocaban entre el pie y el calzado, eligiendo el color de este último de acuerdo con el del abanico o el de la sombrilla.

Aunque no sabía la dirección exacta de la madre de Neferet, Alexandros no estaba preocupado: sus nuevos amigos del gimnasio le habían dicho que todo el mundo la conocía en el barrio de Canope. Interrogó a un comerciante que vendía su vino tras un mostrador de piedra en el que se veían varias jarras en las que metía un cucharón de largo mango. Como se apretujaban los clientes, el mercader no mostró mucha prisa en responder a sus preguntas. Sin embargo, cuando Alexandros pronunció el nombre de Neferet, su rostro se iluminó.

–¡Ah, pobre muchacha! A veces venía por aquí para ver a su madre.

–Pues la estoy buscando precisamente a ella –le dijo Alexandros, permitiendo que dos clientes pasaran delante.

El rostro del comerciante se ensombreció.

–¿Y qué queréis de ella?

–Tranquilizaos, sólo quiero hacerle unas preguntas sobre su hija...

–Eso decías... –masculló el hombre, sustituyendo una jarra vacía por otra llena en el orificio del mostrador previsto a ese efecto–. A Khety no le gusta que demos su dirección.

–Me haríais un gran favor...

El mercader seguía dudando.

–De acuerdo. La encontraréis allí, al extremo de esa calleja estrecha, a la izquierda. Vive en la casa de la puerta roja, pero a estas horas descansa.

Alexandros le dio las gracias y decidió no tener en cuenta su observación. Siguió por la calleja que el comerciante le había indicado y en la que daban numerosas puertas con aldabas en forma de falo, signo de que en aquel barrio se llevaba una vida licenciosa.

La calle no tenía vida. Ni en las ventanas ni en los balcones se veía alma alguna. Hilillos de agua corrían lentamente a uno y otro lado de la calzada de enormes y desajustados adoquines.

Alexandros empujó la puerta roja que le habían indicado y penetró en el interior del pequeño edificio. La primera puerta a la que llamó era la buena. Dormida todavía, Khety le abrió con una túnica de lino fino. Su descuidado aspecto incomodó al macedonio.

No por ello dejó de reconocer los rasgos asilvestrados y el fulgor de los ojos de Neferet.

–¿Sois Khety?

La interesada masculló.

–Pero ¿qué hora es? ¿ignoráis que esta calle despierta después de los calores de la tarde? He bailado toda la noche. Estoy agotada.

Sin excusarse, Alexandros entró en la pieza rectangular con el techo sostenido por columnatas. La atravesó y se instaló en una gran sala de recepción rectangular en la que la luz entraba por altas ventanas con pequeños barrotes cuadrados de piedra. Columnas y capiteles estaban decorados con motivos vegetales. Todas las puertas de comunicación estaban pintadas de rojo.

Alexandros tomó una jarra que contenía agua perfumada y la vertió sobre sus manos cubiertas de polvo.

–¡No os andáis con remilgos! –exclamó Khety con las manos en las caderas.

–Estoy seguro de que ibais a invitarme a refrescarme...

–De acuerdo, pero...

Alexandros se sentó en un sillón cubierto de almohadones con dibujos multicolores. A su alrededor, armoniosamente distribuidos, había pequeños y grandes taburetes de patas con forma de cuello de cisne junto a mesitas en las que, durante las recepciones, los servidores dejaban las viandas de los banquetes. Las lámparas estaban sostenidas por grandes copas que contenían el aceite para alimentar la llama que surgía de una mecha de cáñamo.

Khety derramó sal en una de ellas, para evitar el humo, y apagó las antorchas que ardían en las esquinas de la habitación.

–No soporto todo este humo en los ojos tan de mañana. Me paso el día con los párpados hinchados.

Alexandros se extrañó de la disposición egipcia del apartamento.

–¿Y qué? Que yo sepa, estamos en Egipto –se defendió Khety–, y Egipto no pertenece a los griegos.

–Me parece que sí.

A cada lado de la sala se abrían las dependencias. En una de ellas, Alexandros divisó unos arcones de madera pintada y tapadera de pupitre. Khety cerró rápidamente aquella puerta.

–No vais a fisgonear en mis cuentas ni a hacer por mí el inventario anual de mis bienes. ¿Por qué no os instaláis, también, en las habitaciones del fondo?

Alexandros se excusó.

–Y ahora os escucho. ¡Presentaos!

El macedonio le reveló su identidad y le comunicó que había mantenido una relación con Neferet.

–Todos los hombres mantuvieron, un día u otro, una relación con Neferet –replicó Khety mientras se volvía para disimular unas lágrimas que intentaba contener.

Alexandros creyó oportuno revelarle algo más de su pasado.

–¡Ah! ¿De modo que sois el pequeño Agathos? Vuestra historia ha corrido por toda la ciudad...

–¿Conocíais a mis padres?

–A vuestro padre, y un poco a vuestra madre... Comprendo que intentéis saber la verdad; en vuestro lugar, yo haría lo mismo.

–Pero ¿venía mi padre alguna vez al barrio de Canope?

Khety se ruborizó ligeramente.

–¡Oh, no! No era hombre que frecuentara las tabernas nocturnas. Era un hombre de bien. Debéis conservar de él el recuerdo de un hombre digno de estima. Lo merecía.

Más confiada ya, Khety se dirigió a la sala de purificación y le rogó a Alexandros que la acompañase.

–Me resulta insoportable tener este aspecto tan descuidado ante un hombre, por joven que sea –confió con una sonrisa encantadora.

Chasqueó sus hermosos dedos para llamar a dos servidoras, que se colocaron en dos pequeños bancos a cada lado de la bañera y derramaron el agua necesaria para el aseo.

–Volveos un instante –dijo Khety– y dejad de ruborizaros.

Se desnudó y se dejó lavar con satisfacción. Luego se tendió en una banqueta cubierta de esteras para que le dieran un masaje. Las sirvientas vertieron sobre su cuerpo ungüentos y aceites olorosos.

–Este aceite tiene un olor demasiado fuerte para la estación –observó sin agresividad–. Elegid otro perfume. Cambiaréis también el color del maquillaje de los párpados; es demasiado oscuro.

Mientras una sierva le frotaba los hombros, tras haber ocultado sus piernas y su intimidad bajo una tela de lino, la segunda criada reparaba y peinaba una peluca negra como el azabache.

–¿Pensáis mostrarme vuestra espalda durante mucho tiempo? –dijo Khety bromeando.

Alexandros se volvió. Quedó deslumbrado por el número de frascos y redomas de perfume que contenían los cofres de aseo. Algunos eran de madera preciosa de Nubia, otros de marfil, aquéllos de cristales multicolores y transparentes y éste de alabastro, bueno para conservar cremas y perfumes. Los cofres tenían formas variadas; una mandrágora, un racimo de uva, un loto o un íbice.

Los espejos con mango de hueso, representando a la diosa Hathor, patrona de las mujeres, terminaban en discos de cobre. Una caja para maquillajes reproducía la imagen de una nadadora desnuda empujando un cisne de alas articuladas que servían de recipiente. Todos los peines, todas las pinzas para el pelo que permitían levantar los pesados mechones, todos los escarpidores, mostraban refinadas decoraciones.

–Estos objetos de aseo pertenecían a mi madre, que los había recibido de su abuela. Me habría gustado dárselos a Neferet, aunque a mi hija no le faltaba nada en la propiedad de Tusert...

–Estoy al corriente –dijo Alexandros–. Sé que Tusert era el padre de Neferet y que le había legado toda su fortuna...

Khety palideció de pronto.

–No he querido ofenderos.

–No es eso... Ignoraba que Iyi se lo hubiera dejado todo. La amaba porque era mi hija, pero nunca se había ocupado de ella... como un padre.

Conmovida, Khety ordenó a su sierva que dejara el masaje. Se levantó sin preocuparse por su desnudez, con un gesto tan natural que Alexandros no tuvo tiempo de sorprenderse.

–Sírvele vino a mi invitado en vez de quedarte así, con los brazos colgando –le dijo a su sirvienta.

Alexandros respetó su silencio. Khety se envolvió en una fina túnica y miró por la ventana. El estanque del edificio parecía un pequeño lago adornado con lotos y peces. Junto al estanque, la parra del cenador no era aún lo bastante espesa para impedir el paso del sol.

–Amaba a Iyi –dijo Khety–, y creo que él me amaba también. Venía a verme a menudo. Nos sentábamos en el borde de aquel estanque. Era su única distracción, pues estaba siempre trabajando. No soportaba ya a su esposa, pero respetaba las sagradas leyes del matrimonio y jamás hubiera abandonado a la mujer con la que se había casado. Aunque el adulterio es muy mal aceptado en nuestro país, Iyi reconoció a Neferet. Hizo que recibiera las mejores clases, pero un día sus compañeras de escuela le dijeron: «¿De quién eres hija entonces? ¡No tienes padre!». La injuriaron y atormentaron para que Neferet revelase a todo el mundo quién era aquel padre desconocido cuyo nombre ocultaba.

Alexandros sintió ternura por aquella mujer que, de pronto, le parecía desgraciada.

–¿Y sabéis lo que hizo mi hija, cuando sólo tenía doce años? Prefirió dejar que le pegaran antes de revelar el nombre del que la había engendrado, pues yo le había hecho prometer que nunca hablaría del hombre que venía a verme y que me amaba.

Khety se ciñó la túnica al cuerpo, como queriendo protegerse del destino con ese gesto.

–Cuando Iyi supo lo que había ocurrido, se llevó enseguida a Neferet a su propiedad y la impuso a todo el mundo. Yo estaba desesperada porque me había arrancado a mi hija, pero me consoló jurándome que no carecería de nada y que recibiría la mejor educación.

Khety calló por unos instantes.

–De hecho, creo que Neferet le reprochó siempre que no me convirtiera en su mujer legítima y se mostrara tan distante con los suyos. Sólo yo lo comprendía.

Alexandros la encontraba conmovedora y bella en su pesadumbre. Su aparente juventud lo asombraba y lo seducía. Le parecía tan egipcia en sus costumbres, en su atavío y en el menor de sus gestos, que comprendía lo que Tusert debió de sentir al verla por primera vez. Parecía la encarnación de la diosa Macet, símbolo del equilibrio cósmico y de la justicia, radiante en su pureza, cuya representación llevaban antaño al cuello los visires y los jueces. Tenía las caderas torneadas, el talle estrecho y los menudos pechos de las bailarinas.

Alexandros había tenido tiempo de apreciar sus largas piernas delgadas y su alto pecho, sobre el que caía la cabellera en cuidados mechones. Sin embargo, su palidez lo inquietaba. Ordenó ella a sus sirvientas que la vistieran, de modo que Alexandros tuvo el delicioso placer de verla vestida a la griega, con joyas típicamente egipcias que debían de proceder, también, de sus antepasados.

Gruesas cuentas y una ancha gorguera acompañaban a unos periscélidos de estilo geométrico. Perfeccionista, Khety completó su atavío con una diadema de oro con decoraciones florales y unos pendientes coloreados. Se puso con delicadeza las sandalias incrustadas de flores doradas que se había quitado para bañarse.

–¿La herencia de Neferet me corresponde? –preguntó de pronto.

–No lo creo. No parece que Tusert dejara instrucciones para ello, y, en ese caso, la herencia corresponde a Setnajt y a su madre. No creyó que su hija muriera tan pronto...

–¡Buen eufemismo para referirse a un asesinato!

–Si se demuestra que Tusert y Neferet fueron asesinados, tal vez el juez intervenga en vuestro favor.

–Lo dudo, pues si Tusert se hubiese separado de su esposa, se habría visto obligado a cederle buena parte de su patrimonio. Por lo que se refiere a la penalización correspondiente al divorcio, hubiera sido mayor por cuanto él había sido quien había cometido el gran crimen.

–¿El gran crimen?

–Sí. La infidelidad, castigada con el cocodrilo.

Khety se sentó en una banqueta cubierta de almohadones frente a Alexandros. Había recuperado el color y se confiaba cálidamente al griego. El macedonio reconoció que aquella presencia le resultaba agradable.

–Tusert fue siempre bueno con Neferet de niña. Cuando tenía accesos de tos, me traía leche con miel y dátiles azucarados para suavizarle la garganta en pequeños recipientes con forma de mujer agachada que he guardado celosamente. De mí no exigía nada, pero le gustaba verme dispuesta y coqueta. No soportaba los cambios de humor. Para complacerle, yo tocaba el arpa y llenaba la casa de perfumes frescos. Como le gustaban las túnicas de lino que se confeccionan en el sótano de este edificio, yo misma vigilaba el tejido del lino blanco, producido por la planta color de cielo, y le regalaba una de vez en cuando.

–Conserváis el refinamiento que tanto complacía a Tusert...

Khety soltó la carcajada a la par que tendía sus dedos a una nueva sierva, que pintó sus uñas con alheña, pero su risa fue de corta duración.

–Conocer la muerte de Iyi y de Neferet fue tanto más duro por cuanto estaba sola, aquí, cuando una de mis siervas vino a decírmelo. Me hubiera gustado encargarme personalmente del entierro de Iyi. Su cuerpo habría sido lavado, sus vísceras extraídas y momificadas y depositadas luego en magníficas jarras.

–Pero Tusert no tenía ninguna razón para ser enterrado según los ritos egipcios... ¡Alejandría es griega!

–Puse a Neferet en manos del embalsamador. Los más finos linos se depositarán en los cofres preparados para su mobiliario fúnebre. Sus joyas y sus amuletos se colocarán sobre su cuerpo y un escarabeo de oro adornará su pecho en el lugar del corazón. He hecho grabar una inscripción en él: «Que nunca el corazón de un hombre se oponga a ella en el imperio de los muertos».

Alexandros intentó que cambiara de ideas y llevarla hacia otro terreno, pero Kethy parecía fuera del tiempo. Seguía hablando en un susurro, con los ojos fijos.

–Los cofres de Neferet estarán llenos de *chauabtis*[1] con su nombre y mencionarán la lista de los trabajos que quedan por realizar en el mundo invisible. He colocado en botes de alabastro, para el embalsamador, los ungüentos del renacimiento de sus carnes. ¡El entierro de mi hija será magnífico! No me mostraré cicatera en la procesión ni con las plañideras. Neferet será enterrada en un panteón. Estará rodeada por su mobiliario y los vasos canopes que contengan sus carnes y sus vísceras. Contrataré a las mejores tañedoras para el banquete funerario y danzaré para mi hija, compartiendo con ella los últimos momentos de felicidad. Y, algún día, me reuniré con ella en la morada de Eternidad.

–Si puedo ayudaros... –propuso Alexandros, conmovido.

Khety se lo agradeció con una dulce sonrisa.

–No, hijo mío. Nada me falta. Siempre supe cuidar de mí misma, aunque a veces empleé medios inconfesables. Pero conozco a muchas mujeres respetables que, en el fondo, lo son menos que yo, pues yo respeto a mi prójimo y soy honesta.

–No me cabe duda.

–He decidido manumitir a mi mejor sierva y adoptarla. Es joven todavía. La recogí cuando era niña, a la muerte de su madre. Compartió los juegos de Neferet... Por lo que a la herencia se refiere, dirigiré una súplica a Iyi con una copa de arcilla que contenga una ofrenda, y la depositaré junto a la

1. Estatuillas. *(N. de la A.)*

capilla funeraria. Obtendré así parte de sus bienes para ayudarme a vivir.

Alexandros no se atrevió a desalentarla.

–Voy envejeciendo, es cierto, y no viviré siempre de este modo.

Se había abierto la túnica y señalaba un tatuaje que adornaba su pelvis y sus muslos.

–Oh, no soy una jenemet[1]. Aunque las cantoras y las bailarinas de las casas de cerveza son a menudo asimiladas a ellas. Nos es difícil ser bien consideradas en la ciudad. Por ello, Neferet no hablaba nunca de su madre.

–No lo creáis –mintió Alexandros.

–Y sin embargo daba pruebas, en compañía de los hombres, de un temperamento comparable al mío. ¡Vamos! ¡Sed franco!

–Lo reconozco –dijo Alexandros.

–¿La amasteis?

–Sí. Y sólo lo lamentaré si descubriera que nuestra relación fue la causa de su muerte. Dos hombres y una mujer joven han muerto ya desde que llegué a Alejandría. Algunos me hacen abiertamente responsable de ello...

Khety movió la cabeza y se sirvió un vaso de vino.

–Vino de Iyi, ¿queréis?

Alexandros se lo agradeció.

–¿Aludís a la muerte del dieceta?

–Sí.

–Vamos, nada tenéis que ver en esa muerte. Apolonio estaba tan desamparado estos últimos tiempos que sólo hablaba de suicidio.

–¿Lo conocíais?

–Lo conocí íntimamente, antes de vivir con Iyi... Lo veía a menudo. Nadie lo conocía como yo.

Alexandros estaba estupefacto.

–Sí, vais a pensar que he conocido a muchos personajes

1. Mujer de vida alegre. *(N. de la A.)*

influyentes de esta ciudad. De hecho, es nada más que azar que el amigo con el que me quedé muriera y el hombre al que amaba fuese asesinado poco antes.

El macedonio no estaba en absoluto convencido de ello.

–Las bailarinas son a menudo confidentes, al igual que las jenemets. Los hombres se atreven a confiarles sus debilidades y sus preocupaciones, aunque se nieguen a hacerlo con sus esposas.

–Sin embargo, es imposible que Apolonio se haya suicidado. ¿Cómo iba a hundirse una lanza en el pecho?

–Es horrible, lo reconozco. Pero con Apolonio, por el contrario, es posible. Era un hombre que necesitaba escenificarlo todo. Y se sentía amenazado. Temía que lo mataran.

–¿De quién lo temía? –preguntó Alexandros.

–No me dijo su nombre, pero, desde la muerte de Iyi, afirmaba que Zenodoto y él iban a ser asesinados.

–¿Había cometido alguna falta? –dijo con astucia el macedonio.

–Sí. Afirmaba que era inocente, que Zenodoto y Tusert lo eran también, pero que el asesino los creía culpables de un horrible crimen, y no pude averiguar nada más.

–No parecía fácil asustar a Apolonio...

–Pero lo era, pese a su aire de suficiencia. Y, además, he pensado en un posible culpable.

Alexandros bebió de un trago la copa que le había tendido Khety. Aquel vino, que se bebía con agrado, que embriagaba sin poder advertirlo, le recordó a la hermosa Neferet de invitadora sonrisa. Recordó sus encantadores ojos y su cuerpo desnudo, tendido bajo los olivos de la propiedad de su padre.

–¿Un posible culpable? –balbuceó.

–Sí. Y cuanto más pienso en ello, más me convenzo de que tengo razón. Tiene el temperamento de una leona, peor aún que la madre de Setnajt.

–Pero ¿de quién estáis hablando, Khety?

–¿De quién hablo? De la mujer de Apolonio, naturalmente.

–¿Su mujer?

–¡Sí, su mujer!

–Pero ¿por qué decís eso?

–¿No encontraron, acaso, un magnífico brazalete en el lugar del crimen?

–Sí, pero ese brazalete puede pertenecer a muchas mujeres... La policía prosigue su investigación y...

–Vi con mis propios ojos el brazalete en el brazo de esa furia.

–¿De verdad?

Alexandros volvió a servirse una copa de vino.

–¡Os lo aseguro! En fin..., por la descripción que me hicieron, lo reconocí.

–No es lo mismo. ¿Se lo habéis dicho a la policía?

–Sí. Pero se negaron a enseñarme la joya.

–¿Por qué?

–¿Que por qué? ¡Ah! Bien se ve que no sois de aquí. Pues porque soy una bailarina del barrio de Canope y mi palabra vale menos que un grano de arena del desierto. A vosotros, los griegos, os gusta el deporte, los entrenamientos del gimnasio y la música. Los egipcios consideran que estas disciplinas hacen hombres afeminados y mujeres lascivas.

–El responsable de la policía es griego...

–Por su padre, pero no por su madre.

Alexandros estaba desconcertado. Aquella visita lo había desalentado cuando creía estar llegando a puerto. Sintió la necesidad de aislarse para hacer balance, como cuando intentaba terminar un capítulo sin conseguirlo. Necesitaba silencio y soledad.

Cuando se separó de Khety, el sol estaba ya concluyendo su carrera. La calle se había llenado, repentinamente, de bebedores de cerveza y ocasionales cantantes.

–Perdonadme –le dijo al marcharse.

–La visita me ha complacido. Volved cuando queráis. Ahora, ha llegado para mí la hora de sobreponerme y prepararme. Es difícil bailar cuando llevas luto en el corazón.

25

Alexandros se otorgó una jornada entera para reflexionar, lejos de la animación de la ciudad. Aquella misma noche, se dirigió al lugar donde se alojaba su tío, muy cerca de su casa.

–Te esperaba –le dijo Kruptos.

–¿Me esperabas?

–Sí. Quería dejarte actuar a tu guisa, pero me figuraba que ibas a necesitar mis servicios.

–No es eso, exactamente –precisó Alexandros, mientras se daba cuenta de que su tío había tenido razón al decirle que estaba bien alojado–. No tengo nada en concreto que pedirte, pero al examinar el curso de mi investigación, veo que no llego a ninguna conclusión satisfactoria.

–Porque no tienes ninguna perspectiva. Un ojo ajeno te sería útil.

–Sin duda.

–Te escucho.

Alexandros le contó los principales hechos que habían ocurrido en Alejandría desde su llegada, pero omitió los que, a veces, le habían puesto en peligro.

–En verdad, no has tenido en cuenta mis advertencias.

–Sí, lo reconozco.

–¿Sigues pensando que uno de los firmantes de los reconocimientos de deuda es el culpable?

–Sí. De hecho, me inclinaría por una conjura entre Zenodoto, Apolonio y Tusert.

–Me cuesta creer que Zenodoto esté implicado en un crimen, a menos que quisiera castigar a un mal traductor de Homero.

–Las apariencias son a menudo engañosas. Según Khety,

Apolonio no era el hombre que conocíamos. Por lo que a Tusert se refiere, podía ser en extremo frío. Recuerdo las palabras de Neferet.

Ambos hombres, ensimismados, callaron por unos instantes. Estaban sentados en dos modestas sillas plegables, uno junto a otro. Suaves aromas a dátiles brotaban de los cestos de mimbre que habían sido utilizados para el mercado. La estancia parecía más vasta porque sólo contenía un cofre para alimentos, una jofaina y una mesa.

–Los hombres son a menudo distintos de la apariencia que ofrecen.

–Así es... –suspiró Alexandros–. ¿Tienes tú alguna opinión?

Kruptos se pasó la mano por el mentón cubierto de hirsuta barba.

–La mujer de Tusert podría haber matado a su marido y a Neferet –dijo Alexandros–. No sólo se libraba así de dos seres a quienes aborrecía, sino que además heredaba, con su hijo, la propiedad y el comercio de su marido. Se dice, incluso, que consiguió sacarle la fórmula que había perfeccionado para conservar su vino.

–Ya ves que hay otros sospechosos. ¿Confías realmente en ese Setnajt? También a él le interesaba que su padre desapareciese.

–Pero amaba a Neferet.

–¿Estás seguro?

–Sí. Además, ¿por qué la mujer de Tusert iba a matar a Apolonio?

–Porque sabía algo. Tusert y Apolonio se conocían desde hacía mucho tiempo... Tal vez, Tusert le comunicara alguna preocupación.

–En ese caso, también Khety podría estar en peligro. Sobre todo si la mujer de Tusert sabe que su marido y Apolonio solían confiarse a ella.

De pronto, Alexandros se sintió horrorizado por aquella hipótesis.

–La mujer de Tusert habría acompañado a su hijo a palacio y Setnajt podría haber golpeado a Apolonio...

–¿Y Khety? –preguntó el anciano–. ¿No crees que sería una excelente culpable?

Alexandros pareció sorprendido.

–¿Khety?

–Pues sí... Supongamos que hiciera comedia y que estuviese absolutamente al corriente de la fortuna que Tusert dejaba en herencia a Neferet...

–Pero ¡no habría matado a su propia hija!

–¡No, claro! Sin embargo, puede ser que no estuviera tan enamorada de Tusert como insinuó y que lo hubiese matado. Su hija heredaba. Al saberlo, la mujer de Tusert eliminaba a Neferet.

–Y Khety sería hoy capaz de matar a esa mujer para vengar a su hija.

–Sin duda alguna.

–¿Y Apolonio?

–También éste debía de compartir una confidencia difícil de soportar.

–¿Excluyes la culpabilidad de su esposa, la excluyes por completo?

–¿La esposa de Apolonio? No del todo, pero no veo vínculo alguno entre ella y la muerte de Tusert.

–No faltan sospechosos: la mujer de Tusert, Setnajt, Zenodoto, la esposa de Apolonio, Khety, Helena...

–¿No me has hablado también de una vidente que te sigue por todas partes e intenta asustarte?

–¡Oh, sólo quiere ayudarme! Está un poco loca, pero no es peligrosa.

Alexandros evocó de nuevo a Helena.

–¿Te he contado ya la historia del cementerio donde me peleé con un hombre al que no pude dominar, mientras otro huía.

–Sí, ¿y qué?

–Pues bien, de momento, Helena no dijo nada. Vi que se

sentía turbada, pero cargué esa turbación en la cuenta del miedo.

–Sí, ¿y luego?

–Pensándolo bien, me pregunto si realmente quiso alcanzar a ese hombre. Varias veces hizo lo posible para que desandara el camino. No quería venir a casa, ni ir a la propiedad, y menos aún al cementerio. Me siguió para no despertar sospechas, pero hoy estoy casi convencido de que conocía al hombre, de que aquella silueta en la oscuridad no le era extraña.

El tío de Alexandros se golpeó los muslos.

–Eso es muy interesante. ¿Y Helena? ¿Qué piensas del famoso brazalete?

–Si supiéramos a quién pertenece...

–Muchacho, en tu lugar me dirigiría a casa del médico de Helena, pues parece que la muchacha sabe más de lo que cuenta. Averiguarías así si pudo ir a palacio la noche en que Apolonio fue asesinado.

Alexandros asintió.

–Iré mañana mismo.

Aquel día, Tolomeo decidió expresar su benevolencia para con los ciudadanos y los clérigos locales. Una estela de granito iba a dar testimonio de esa solicitud y, para la ocasión, el rey se había tocado con el *tschent*, reconociendo con ese gesto la distinción ancestral de los dos Egiptos, pues la corona roja simbolizaba el Delta y la mitra blanca, superpuesta, representaba el Alto Egipto.

Una multitud de improvisados mercaderes que vendían flores y pasteles se había alineado a lo largo de las dos vías principales de Alejandría, y en las pequeñas calles perpendiculares abundaban los alfareros.

El médico de Helena vivía a orillas del agua, junto al puerto situado al oeste del Heptastadio y de la isla de Faros. Las barcas atracaban permanentemente allí, pero los navíos se quedaban en la rada. Alexandros llamó a la puerta con una enorme aldaba de bronce con la cabeza de Gorgona. El médico en persona le abrió. Parecía extenuado; sus deshechos rasgos, las ojeras, el rostro enfermizo y la mirada glauca testimoniaban las noches en blanco que acababa de pasar.

–¿Helena? ¿Queréis noticias de Helena? –se extrañó–. Pero ¿por qué no vais a pedírselas a sus padres? ¿Quién os ha dicho que vinierais aquí y cómo sabéis que Helena está en mi casa?

Alexandros se sintió incómodo.

–Os seré franco –dijo–. Trabajo en la biblioteca y he oído a su padre hablar de su estado. Me inquietaba que...

–¿Sois uno de sus amigos?

–Sí.

El médico se pasó varias veces la mano por el rostro.

–¡Es una pena! –se lamentó.

–¿Cómo? ¿Qué ocurre? ¿Acaso Helena ha...?

–No, no. Helena vive, pero está muy enferma. Su estado empeora día a día. Hoy ha caído en un coma que le impide cualquier movimiento. Ya no reconoce a nadie. Permanece inerte, con los ojos cerrados, no come ni bebe. Está como muerta y no comprendo qué mal la atormenta así... Yo mismo la he velado durante varias noches. Su madre quiere recurrir a un exorcista. Está convencida de que su hija ha sido hechizada por un macedonio recién llegado a Alejandría y que posee dones en los que yo no tengo fe alguna.

–Sin duda habla de mí.

El médico le miró aterrado.

–¿De vos?

–Sí. Creo reconocerme en esa descripción, pero no poseo los dones de mi padre. Se afirma, en efecto, que disponía de facultades sorprendentes que ningún razonamiento lógico era capaz de explicar. Si eso es cierto, yo no las he heredado.

El médico hizo un gesto en el aire con la mano para indicar que no concedía crédito alguno a lo irracional.

–¿Puedo verla? –preguntó de nuevo Alexandros.

–Claro. Venid.

El macedonio siguió al médico hasta la habitación donde descansaba Helena. La joven, tendida de espaldas y con las manos cruzadas sobre el pecho, parecía muerta.

Alexandros posó su mano en las de Helena, a la espera de obtener una reacción. Pero ella no manifestó signo de vida alguno.

–Doctor –dijo con gravedad Alexandros–, tengo una importante pregunta que haceros. ¿Estáis dispuesto a contestarme con franqueza y sin rodeos?

–Claro. ¿De qué se trata?

–¿Cuánto tiempo hace que Helena se halla en ese estado?

–Os lo he dicho: su salud ha ido empeorando, pero cuando la vi por primera vez ya estaba muy enferma. Como las medicinas no hacían efecto alguno, decidí traerla a casa para cuidarla mejor.

–¿Y pensabais curarla?

–¡Sin duda alguna!

–¿Ha podido Helena salir en algún momento sin que lo advirtierais?

–¿En ese estado? ¡Es imposible!

Como Alexandros pareciera escéptico, el médico insistió.

–¡Si hubiera salido así, habría muerto!

–Permitidme que insista. ¡Es muy importante! ¿No puede fingir una enfermedad?

Al médico le extrañó aquella pregunta, pero respondió de buena gana.

Sería muy difícil simular semejante estado. Sin embargo, debo confesar que me he preguntado mucho sobre la enfermedad que la domina, pues nunca había visto síntomas semejantes. No tiene fiebre, su pulso late con normalidad y ha recuperado el sueño... De hecho, debiera estar de pie.

–Todo es muy extraño y sorprendente, doctor.

–En efecto, pero la medicina es a veces incapaz de explicar ciertos fenómenos... ¡Ah, Letho! No os he oído entrar...

–Vuestra ayudante me ha abierto la puerta.

La madre de Helena clavó su mirada penetrante en Alexandros.

–Alexandros Agathos –dijo–, precisamente quería veros. ¿Qué estáis haciendo aquí?

Alexandros le respondió que se había preocupado al no ver a Helena.

Ella lo llevó a una habitación contigua y comenzó a implorar.

–Quiero que Helena recobre la salud, estoy segura de que mi hija no habría caído enferma si no estuviera mezclada en este asunto.

–¿Qué asunto?

–El asesinato de vuestra familia. Alguien la ha hechizado. Creía que erais vos. Es preciso que la verdad salga a la luz. De lo contrario, todos moriremos. Estoy convencida de ello. Tusert, la infeliz Neferet, Apolonio y, hoy, mi hija, ¡la hija de Zenodoto! Esto ya es demasiado. Voy a revelaros lo que mi marido hubiera debido tener el valor de deciros y prefirió guardar para sí. Escuchadme bien y confiad en mí.

El médico creyó conveniente retirarse y regresar a la cabecera de la enferma.

–Bueno –dijo Letho, al tiempo que se sentaba en una banqueta junto a Alexandros–. Mi marido acudió a la propiedad de vuestro padre la noche del asesinato.

–¿Por qué razón?

Tenían que arreglar juntos un asunto.

–¿Un asunto de reconocimiento de deudas?

Letho se ruborizó.

–¿Lo sabéis?

–Encontré los reconocimientos de deuda en la casa de mi padre.

Letho parecía sorprendida, pero Alexandros prosiguió en tono cáustico:

–¿Vuestro marido intentó en vano encontrarlos cuando mis padres murieron?

–¡No! En realidad, no lo creo...

–Y Tusert lo ayudó, al igual que Apolonio.

Letho bajó la mirada.

–¡Bueno, sea! Sí, los tres intentaron encontrar esos reconocimientos de deuda, pero no fue para destruirlos. ¡Mi marido os pagará lo que os debe!

–No me debe nada.

–Sí, sí, insisto... Insistimos.

–El miedo os hace hablar así. ¿Creéis que pagando esa deuda me devolvéis a mis padres?

–Mi marido nada tiene que ver en eso, ¡os lo juro!

–¿Cómo estáis tan segura?

–Lo conozco. ¡Es incapaz de cometer un crimen!

–Así lo espero, por vos.

La mirada de Alexandros era terrible.

–Creedme, por todos los dioses del Olimpo.

–¿Teméis que mate a vuestro marido para vengar a mi familia?

–Sería injusto.

–¡Sea! Proseguid vuestro relato. Afirmáis entonces que vuestro marido acudió a la propiedad de mi padre el día que lo mataron, pero que no es responsable de ese asesinato...

–¡Lo afirmo! Zenodoto nunca me mintió.

–¿Qué ocurrió pues?

–Cuando mi marido llegó, vuestro padre estaba peleando con otro hombre.

–¿Quién?

–Lo ignora. El hombre iba envuelto en una clámide oscura y llevaba una capucha en la cabeza.

–¿Y mientras luchaban no se abrió el manto?

–No lo sé. En cualquier caso, mi marido no lo reconoció. Tal vez ni siquiera lo conocía.

–Sea.

–Vuestra madre estaba tendida en el suelo. Alargaba la mano hacia un cofre o un cesto. Estaba inerte. Vuestra hermana había muerto, y la sangre corría por el suelo.

La voz de Letho se ahogó en su garganta.

–Mi marido llegó cuando, tras haber matado a vuestra madre y a vuestra hermana, el desconocido propinaba a vuestro padre un golpe mortal. Parecía loco. Lo golpeó varias veces, hasta que vuestro padre cayó con el cuerpo ensangrentado.

–Así que mi padre murió sin duda alguna –murmuró Alexandros.

–¿Cómo?

–Mi padre murió...

–Pero, si ya lo sabíais, ¿qué significa esta reflexión?

–Nada. No he encontrado su tumba. Su nombre no figura junto al de mi madre en el cementerio. Esperaba, pues, que no hubiera muerto.

–¡Eso no tiene sentido!

–Tal vez sí. ¿Quién os ha dicho que se trataba de mi padre?

–Zenodoto no habría podido confundirlo con otro. Lo conocía perfectamente. Hijo mío, por desgracia, vuestro padre murió aquel día.

Alexandros permaneció pensativo.

–Pero eso no es todo.

–¿Eh?

–El hombre que mató a vuestro padre salió atónito al patio.

–Zenodoto habría podido detenerlo o ayudar a mi padre a luchar contra él.

–No se atrevió. Cuando llegó, era demasiado tarde. Luego, se ocultó tras un muro y desde allí lo observó todo.

Alexandros mostró un rictus de desdén.

–¡Hermoso ejemplo de cobardía!

Letho no replicó.

–El desconocido salió al patio y se dirigió hacia el pozo. Dejó caer allí un objeto y comenzó a sollozar. Permaneció así mucho tiempo. Mi marido lo recuerda ya que no podía salir de su escondrijo sin que lo vieran, y el tiempo le pareció muy largo.

–¿El asesino lloraba?

–Sí. Se sentó en el suelo, contra el pozo y lloró con la cabeza en las rodillas.

Alexandros no confiaba en aquella versión poco verosímil.

–En suma, ¿intentáis que crea que el asesino era un loco que mató a mis padres sin causa alguna y que, tras haber cometido su odioso acto, se echó a llorar?

–Os lo juro.

–Es difícil de creer. ¿Lloraba de remordimiento? ¡No es un precio excesivo por un cuádruple asesinato!

–Os he dicho la verdad. Esta venganza debe cesar y Helena tiene que recuperar la salud.

–¿Y qué puedo hacer yo? Poned vuestro destino y el de vuestra hija en manos de los dioses. Si vuestro marido es inocente, los dioses os ayudarán. De lo contrario, esperad lo peor.

Alexandros dejó a Letho temblorosa y al borde de las lágrimas.

–Me he empeñado siempre en proteger a mi marido y mi hija –gritó–. ¡Y seguiré haciéndolo!

–¿Habéis llegado a cometer un crimen para ocultar los de vuestro marido? –le replicó Alexandros, dándose la vuelta.

–¡Sois un monstruo!

Al oír los gritos de Letho, el médico corrió hacia ella.

–¡Hasta la vista, doctor! –lanzó Alexandros–. Cuidad de Helena. Y si despierta, avisadme; tengo que hacerle algunas preguntas.

–¿Qué ocurre? –preguntó el médico, inquieto.

–Doctor, si ese maldito macedonio se atreve a tocar a Zenodoto, ¡lo mataré!, lo juro –respondió fríamente Letho.

26

–Yo, en tu lugar, bajaría a ese pozo –le dijo Kruptos a su sobrino.

–Pero si Letho me ha tomado el pelo...

–No estoy tan seguro. ¿Qué pierdes con probarlo? Si vienes a hablarme de ese tema, ¿no será porque tienes dudas?

El macedonio asintió.

–¿Quieres que te acompañe?

–No, me las arreglaré solo. No quiero, sobre todo, que corras el menor riesgo. Es demasiado peligroso.

Alexandros se dirigió en carro hacia la propiedad de su padre. Al llegar, miró a su alrededor para ver si la vieja vidente estaba allí. Aguzó el oído, al acecho del menor roce, de la más pequeña piedra que rodara bajo sus pies, pero todo estaba silencioso. Algo más lejos, los obreros comían torta y algunas aceitunas. Era mejor no revelar su presencia.

El pozo estaba situado no lejos del olivar. Alexandros se inclinó por encima del oscuro agujero y manejó el cubo y la polea para ver si el mecanismo aún funcionaba y no estaba en exceso oxidado, y se oyó un inquietante chirrido.

–No estoy seguro de que el sistema aguante mi peso –suspiró–, pero no tengo elección. Tengo que saber y, para eso, tengo que bajar.

El pozo estaba seco, y Alexandros había creído ver brillar, en el fondo, una piedra o un objeto de oro. Se deslizó sin dificultades a lo largo de la cuerda, que los obreros habían cambiado y que corrió con excesiva rapidez para el gusto de Alexandros. Cuando estuvo en el fondo, el joven macedonio descubrió enseguida dos cuchillos de cincelados mangos.

–Dos armas magníficas. ¿De quién serán?

Cuando estaba dándoles vuelta en sus manos apareció una sombra en lo alto del pozo.

–¿Quién está ahí? –gritó Alexandros–. ¡Decid quién sois! ¿Sois el albañil? ¿El carpintero? ¿Sois acaso la vieja bruja?

Pero nadie respondió.

–¿Estaré volviéndome loco o realmente había alguien?

Alexandros oyó los latidos de su corazón.

–¡Calma! –se dijo–. Los obreros estan muy cerca. No corro riesgo alguno.

Examinó con más atención los mangos de los cuchillos. Uno de ellos tenía grabada una escena de los trabajos de Hércules: Hércules abriendo la puerta de los establos de Augias en compañía de la diosa Atenea, que le indicaba el lugar donde debía golpear. Bajo la escena, en finas letras de oro, se leía el nombre del propietario del arma: Agathos.

–Era el cuchillo de mi padre. El asesino quiso, sin duda, librarse de él. ¡Es un arma espléndida!

Se la puso en la cintura y tomó la segunda arma, igualmente preciosa. La hoja, oxidada, era sin embargo más ancha y más larga. Parecía una corta espada, más que un cuchillo. En el mango estaban esculpidas las cabezas de Gorgona, Hércules y Alejandro Magno. A un lado estaba grabada la dedicatoria: «En recuerdo de Alejandro», y al otro: «Pertenece al hombre de Cos».

–Sin duda, este cuchillo era el del asesino. «El hombre de Cos»... No está muy claro. Tal vez mi tío pueda informarme sobre este apodo.

Alexandros no se demoró. Llamó al encargado de las obras, que lo ayudó a subir, y se informó sobre el transporte de materiales hasta la propiedad. Cuando lo hubo tranquilizado sobre la buena marcha de las obras, indicándole sin embargo que el coste final sería algo más elevado de lo previsto, Alexandros corrió a casa de su tío, que lo esperaba con mal disimulada impaciencia.

–«El hombre de Cos», ¿te dice eso algo? –le preguntó enseguida Alexandros, antes de que Kruptos tuviera tiempo de interrogarlo.

–No...

–¿No podría tratarse de Zenodoto?

–Zenodoto nació en Éfeso.

–Sí, pero fue el alumno de Filetas de Cos y sucedió a su maestro en el cargo de preceptor real.

–Junto al joven Tolomeo. ¿Por qué iban a llamarle «el hombre de Cos»?

El tío de Alexandros reflexionó largo rato, en un intento de reunir sus recuerdos.

–Realmente no sé. La expresión puede referirse a un montón de gente que vive hoy en Alejandría. Y sin embargo...

–¿Sin embargo?

–Me recuerda vagamente algo, no sé qué.

Alexandros lo alentó.

–Es muy importante, tío, intenta recordar...

–Yo no pertenecía al entorno de tu padre. Sería preciso hablar con alguien que hubiese tratado cada día a tus padres.

–¿Qué quieres decir?

–Me parece haber oído esta expresión en boca de mi hermano. A menos que fuera en la de tu madre... Pero ¿de quién estarían hablando? No lo recuerdo.

Alexandros suplicó de nuevo a su tío que lo ayudara. Éste cerró los ojos y unió las manos. Se concentró largo rato.

–De modo que no era un desconocido –dijo Alexandros–. La tesis del vagabundo que asesinó a mi familia no se sostiene. ¿Estás seguro de que mis padres emplearon, una vez al menos, la frase «el hombre de Cos»?

–Sí –respondió el anciano, con mayor seguridad–. Ahora no me cabe duda. Tu padre se refirió así a un hombre al que conocía, hablando con tu madre. Era cosa suya. Yo no me metía en sus conversaciones. Además, vi muy pocas veces a tu madre.

–¿Cómo hablaban de ese hombre? ¿Bien o con animosidad?

–Normalmente. Nada especial me llamó entonces la atención.

–Debemos buscar en el círculo de sus amistades; de todos modos, tengo ganas de volver a ver a Zenodoto.

–Su hija está enferma y...

–¿Y qué? Helena está en casa de su médico. ¿Por qué no voy a hablar con su padre?

El anciano lo sujetó del brazo.

–Cuidado, Alexandros, no imagines que Zenodoto es culpable y vayas a su casa con un arma. Podrías matarlo en un impulso de cólera, y lo lamentarías.

–Tomaré un arma, tío, pues no estoy seguro de nada. Podría intentar quitarme de en medio, sobre todo si es el asesino y se sabe descubierto; pero te juro que no lo agrediré sin motivo.

–Eso no me gusta.

–No te preocupes. ¡Vamos! Préstame un cuchillo. Te lo devolveré limpio si Zenodoto no tiene nada que reprocharse.

El anciano buscó su arma.

–¡Toma! Lo llevaba conmigo para el viaje, pero ten cuidado.

Cuando llegó a los alrededores de la casa de Zenodoto, la calma era tal que Alexandros creyó que había sucedido una desgracia. Temió de pronto por la vida de Helena. Ningún criado se hallaba a la vista.

Como nadie respondió a su llamada, Alexandros se aventuró por las desiertas estancias con el aliento contenido. Llegó hasta él el sonido de una animada conversación.

Avanzó con cuidado para no hacer caer uno de los jarrones colocados sobre columnas de capiteles corintios y se detuvo ante una puerta entreabierta. Las voces, muy agitadas, le llegaban ahora con claridad.

Alexandros miró a su alrededor para ver si alguien lo observaba. Tranquilizado, empujó un poco la puerta y permaneció de pie, aguzando el oído.

–¿Me crees responsable de la enfermedad de tu hija? –decía un hombre cuya voz creyó reconocer Alexandros.

«Ese tono no me es extraño –se dijo–, pero no sé de quién se trata. Tendré que abrir un poco más la puerta para oír mejor.»

–Sí. Y tengo la intención de matarte si no la salvas.

–¿Matarme? ¡Serías condenado enseguida!

–¿Condenado? –repuso Zenodoto–. ¿Crees que el pueblo no sabe distinguir entre un hombre honesto y un asesino?

–¿Un asesino?

–Tú mataste a Agathos y a su mujer. ¡Te vi! ¡Con mis propios ojos!

Cuando el hombre intentó acercarse, Zenodoto blandió un largo cuchillo.

–¿Quieres matarme? Claro, soy el único testigo. Alexandros cometió la estupidez de matar a los demás, a Tusert y a Apolonio. Sólo quedo yo. ¡Pues que venga! Sabré defenderme porque soy inocente. ¡Eres tú el asesino!

–¿Estabais allí cuando asesinaron a Agathos, pandilla de malvados? Lo sospechaba, a juzgar por tu seguridad y la altanería del tal Apolonio.

–Sí, estábamos allí, y te vimos salir de la casa con un cuchillo en cada mano.

Un largo silencio siguió a estas palabras. Alexandros se alejó de la puerta y se ocultó tras una de las columnas del patio interior, adornado por un lujuriante jardín en cuyo centro susurraban los débiles ecos del agua del estanque, irisada por los rayos del sol.

Ambos interlocutores alzaban la voz.

–Si sabes que maté a Agathos, ¿por qué no se lo dijiste a su hijo para protegerte? Tusert y Apolonio no habrían muerto...

Un nuevo silencio fue seguido por una carcajada.

–¡Pobre Zenodoto! No dijiste nada porque no podías explicar tu presencia en la propiedad de Agathos a aquellas horas. Eso es lo que creo. Apolonio, Tusert y tú teníais la intención de hablar con Agathos, porque le debíais una gran suma de dinero y no podíais devolvérsela. Pero Agathos os había amenazado. Necesitaba el oro y exigía que le pagarais en el más breve plazo. De lo contrario, estaba dispuesto a llevaros ante los tribunales. Vosotros, los tres ambiciosos, los tres sedientos de poder, podíais ir a la cárcel. ¡Qué vergüenza! Os conjurasteis entonces contra él. Aquella noche fuisteis a su propiedad para matarlo.

Alexandros no oyó ya nada.

–Admitámoslo –dijo Zenodoto en un tono tan débil que Alexandros se acercó de nuevo para oírlo–. Pero ¡no lo hicimos! Te reconocimos desde nuestro escondrijo...

–Y pusisteis pies en polvorosa en cuanto me hube marchado. Los largos momentos que pasé junto al pozo, desamparado, debieron de pareceros interminables.

–Te vi herir a Agathos.

Una risa sarcástica recibió la nueva acusación.

–¡Especie de cobarde! –lanzó el desconocido con voz terrible.

–Y vi, caídas, a la mujer y la hija de Agathos, a quienes acababas de matar también.

–¿Y qué hiciste tú para ayudar a Agathos? ¡Huiste! ¡El crimen os convenía! ¡Confiésalo!

El tono amenazador en que fueron pronunciadas aquellas palabras, logró que Alexandros se estremeciera.

–Sí, lo confieso –declaró Zenodoto levantando la voz–. ¡Lo confieso! Pero ¡tú conocías a Agathos! ¡No era tierno, precisamente! ¡No habría vacilado en hacer que nos pudriéramos en la cárcel! ¡No te acerques o te mataré! ¡No vacilaré!

–¿Qué temes de mí?

–¡Todo!

De pronto, un grito desgarró el espacio. Alexandros se lanzó hacia la habitación sin reflexionar. El desconocido le daba la espalda. Se sujetaba el hombro herido e insultaba a Zenodoto, la hoja de cuyo cuchillo estaba ensangrentada.

–¡Vos! –exclamó el bibliotecario con aire extraviado–. Pero ¿qué estáis haciendo en mi casa? ¿Quién os ha dejado entrar?

El desconocido se volvió con rapidez, con la mano en la herida.

–¡Alexandros!

–¡Por todos los dioses! –llamó a su vez el macedonio–. ¿De modo que vos sois «el hombre de Cos»?

Zenodoto soltó una risa nerviosa.

–¿«El hombre de Cos»? Sí, es un apodo que le dimos antaño –reconoció Zenodoto–. ¿Lo recuerdas? Creo que fue una idea del filósofo Estrabón de Lampsaco, uno de mis colegas. ¡Ya veis cómo trata el rey a sus antiguos profesores! ¡A cuchilladas!

Alexandros estaba atónito.

–Ya no comprendo nada –dijo observando a Tolomeo, que se erguía ante él, mientras Zenodoto seguía con el arma en la mano.

–Voy a explicártelo todo –dijo el rey–, un día u otro tendría que hacerlo. Pero antes que nada debemos salir de aquí. Ayúdame a ponerme el manto y a ocultar esta estúpida herida. Haré que me curen en palacio. Mi carro me espera en el jardín.

–No he visto nada...

–He ordenado a todos los servidores que abandonaran la propiedad. Zenodoto quería verme aquí; y ésas eran mis condiciones. Para que nadie me viera, he ordenado a mi auriga que pasara a buscarme un poco más tarde. No he creído que corría peligro en compañía de mi antiguo preceptor. Hoy no me enorgullece haberte tenido como profesor.

–¿Y tú, quién eres tú? Cuando tu padre te hizo venir de la isla de Cos, donde vivías con tu madre Berenice, eras un asno. Poseías un temperamento blando, caprichoso y egoísta. Eras perezoso e incapaz de ejercitarte en el menor deporte. Un primer preceptor corrigió tus defectos, no sin trabajo, tus defectos antes de confiarte a Filetas de Cos. Pero en vez de prepararte para dirigir Egipto, comenzaste asesinando a una familia.

Esta vez, el rey no le dejó añadir ni una palabra. Tomándolo por la parte superior de la túnica y esquivando una nueva puñalada, lo amenazó verbalmente.

–Si sigues hablando de asesinato, haré que te condenen a muerte.

Luego se volvió hacia Alexandros.

–Vamos –le dijo–. La herida me debilita.

–¡Tu padre era un gran soberano! –añadió aún Zenodoto.

–¿Por qué? ¿Porque te contrató como profesor y confiaba en ti?

–Tolomeo Soter aún no era rey cuando era ya el indiscutible dueño de Egipto.

–Olvidas a Agathos –dijo el rey con ironía–. ¡También él quería reinar sobre Egipto!

–¿Y por esa razón lo matasteis? –preguntó con firmeza Alexandros–. ¿Temíais que ocupara vuestro lugar para vengarse de Tolomeo Soter?

–No. Es mucho más complicado que eso.

–Siempre has actuado sin dignidad –prosiguió Zenodoto–. ¡Casarte con tu hermana! ¡Qué vergüenza para los dioses! Tu padre, en cambio, eligió a Berenice, una reina digna de ese hombre que supo darle tres hijas magníficas pero un hijo incapaz. Soter tendría que haber elegido como heredero al fruto de su primer matrimonio con Eurídice, pues Tolomeo Cerauno era más valeroso que tú.

–Deja a mi hermano donde está –repuso Tolomeo–. Eurídice se mostró acerba y celosa con mi madre, que sin embargo era la preferida en el corazón del rey. Tendría que haberle cedido dignamente su lugar. Y además, ¿no se consoló acaso desposando a Tolemais, mi hermanastra, con Demetrio Poliorcetes? Tal vez tuve maestros brillantes, pero Filetas era un poeta pedante y Estratón un físico obnubilado por su teoría del vacío. En mi educación, la erudición prevaleció sobre la filosofía y la retórica.

–Debías administrar un imperio y no hacer proyectos políticos. ¿De qué sirve ser un orador para gobernar a una multitud servil? La afición por las ciencias naturales y la poesía te permitió rodearte de eruditos que convierten Alejandría en una ciudad brillante.

–¡Y mi hermana tenía talento por los dos, para gobernar! Vamos, Zenodoto, deja de tratarme de filólogo y de ensuciar mi imagen vayas a donde vayas. Mi padre te permitió tener tu hora de gloria. ¡Ahora sé de qué madera estás hecho!

El rey ahogó un grito y se crispó por el dolor.

–Regresemos a palacio –le dijo a Alexandros.

–¿Es necesario? –respondió el macedonio–. A fin de cuentas, el asesino de mis padres morirá. Lo he jurado ante los dioses. Ahora o mañana, ¿qué importa?

Pero el rey lo miró fijamente a los ojos.

–Debes conocer la verdad; luego, decidirás mi suerte. La pongo en tus manos, por muy descendiente de Hércules que sea.

27

El palacio estaba sumido en la mayor inquietud. Nadie sabía dónde estaba el rey, que a nadie había comunicado las razones de su ausencia.

–¡Por el omnipotente Serapis, por Heracles y todos los dioses del Olimpo! –exclamó Bilistiché al verle entrar–. Pero ¿dónde habías ido, gran faraón amado?

–¡Vamos! –dijo sencillamente Tolomeo, y ordenó con un gesto a sus servidores y guardias que lo dejaran solo–. ¡Vamos! ¡Ahora estoy aquí! ¡Es inútil que trastornéis todo el palacio.

–Pero ¡estás herido! –exclamó Bilistiché, y tomó del brazo a su amante, que contuvo un grito–. ¡Pronto! ¡Un médico! ¿Quién se ha atrevido a poner la mano sobre el rey? ¡Que Isis lo arroje a una fosa de serpientes y allí reviente!

Debido a los largos velos transparentes que colgaban de su túnica, Bilistiché parecía revolotear en torno al rey más que ayudarlo a caminar. Cada uno de sus gestos era puntuado por un elegante movimiento del brazo que hacía que uno de los velos, teñido de rojo o de azul, se levantara hacia el techo y pareciera que quería reunirse con los pequeños Eros que revoloteaban en los frisos de las paredes. Ya no parecía poseer aquella potencia que le hacía vencer en las más duras carreras de carros.

Bilistiché ocultaba su edad bajo una gruesa capa de maquillaje, y con los trazos de *khol* que realzaban sus ojos, su mirada parecía a veces una brasa y otras la de un pajarillo silvestre que jugaba a la ingenuidad. Pero su experiencia de la vida y de los hombres era evidente para Alexandros, que comprendió que aquella mujer de cuerpo musculoso, esbelto y ágil todavía, sabía manipular a Tolomeo.

Bilistiché saludó a Alexandros sin soltar al rey, al que prodigaba sinnúmero de atenciones.

–¡Pronto, el médico! –repitió a uno de sus servidores, que se disponía a retirarse–. ¡Apresúrate! ¡El rey sufre!

El soberano la tranquilizó y rogó a Alexandros que se sentara mientras le curaban.

–Creo que todo ha sido dicho –repuso Alexandros.

–Un momento más... Te pido que aguardes un poco antes de juzgarme.

–¡Juzgarte! –exclamó Bilistiché–. Pero ¿qué está pasando aquí?

–Para de gritar y déjanos entre hombres en cuanto llegue el médico.

Bilistiché se enfadó.

–¡Vamos! La cólera y el dolor me hacen hablar sin mesura. No tengas en cuenta mis palabras.

Ella inclinó la cabeza y abrió la vestidura para dejar al descubierto la herida, que volvió a sangrar.

–Sin duda has olvidado que habías decidido reunir hoy a los funcionarios de palacio, para informarles de tus futuras inspecciones y de la fecha de tu partida –le dijo.

–No, no he olvidado nada –la interrumpió Tolomeo–. Pero de la visita que debía hacer hoy dependía mi decisión, y ya sabes cómo me desagrada que te encargues de los asuntos reales. Tu papel no es el de inmiscuirte en las decisiones del rey.

–Tienes razón –dijo humildemente Bilistiché, que tenía la habilidad de no sobrepasar nunca la medida–. Me retiro y te dejo con tus funciones.

Rogó al médico que acababa de entrar que cuidara al rey lo mejor posible y se retiró con disimulo; tras ella quedó un fuerte perfume de jazmín que revelaba cómo se negaba a pasar inadvertida y qué personalidad era la suya.

Bajo una suave dulzura se ocultaban una imperiosa voluntad y el hábito del dolor, para el que preparaba el deporte que ella practicaba. Nadie se entrenaba para los futuros Juegos Olímpicos sin un valor y una tenacidad excepcionales.

El médico del rey no se parecía al que cuidaba a Helena. A Alexandros le pareció menos cálido, más distante.

–Fea herida... –mascculló mientras miraba a Alexandros por el rabillo del ojo, como si el macedonio fuera el responsable–. Tendréis el hombro frágil durante algún tiempo. Mejor será que paséis la convalecencia en palacio en vez de emprender expediciones o inspecciones.

–¿De verdad? –preguntó Tolomeo, contrariado–. ¿Y si me marcho?

El médico movió la cabeza.

–No sería razonable.

–¿Ni siquiera contigo?

–Os seguiré, como de costumbre, pero repito que sería arriesgado. Aguardad un poco. Recuperad las fuerzas...

–Es el momento adecuado para viajar...

–Aguardad sólo unos días... Luego, ya veremos.

–¡Sea! Precisamente quería resolver un asunto de importancia antes de partir.

Acababa de mirar a Alexandros, que permanecía mudo y muy irritado contra el rey.

El médico lavó la herida y vendó el hombro del rey con un lienzo limpio.

–Habrá que cambiar el apósito varias veces al día y esperar a que la herida se cierre.

–¡Sea! –dijo el rey.

–Estaré aquí al lado...

–Muy bien –añadió Tolomeo con sequedad–. Ahora, déjame.

El médico tomó su estuche y pidió a su ayudante que se llevara la jofaina y los lienzos sucios. Ésta lo hizo temblando, pues temía actuar mal ante el rey. Dejó caer varias veces una toalla antes de desaparecer con tanta discreción que podía creerse que era una diosa o una ilusión.

–Y ahora nos toca a nosotros –dijo el rey en tanto se sentaba en un sillón ante Alexandros, que le miraba con dureza–. Tus ojos me revelan el deseo de matarme.

–¿No es lógico?

El rey no respondió. Prefirió iniciar su relato.

–Cuando llegué a Alejandría no era muy brillante. Zenodoto tiene razón. Fue en los años 293 o 292. Había pasado mi infancia en Cos y pensaba más en frecuentar las tabernas que en estudiar. Mientras, mi padre luchaba para ampliar o conservar el reino que le había dado Alejandro Magno.

–Y que mi padre ambicionaba.

–Sí. También él habría querido Egipto. Faltó un pelo para que lo obtuviera, pues Alejandro Magno dudó mucho tiempo entre mi padre y el tuyo. Sentía por ellos igual estima. Ambos hombres eran brillantes y fieles, y los dos hubiesen merecido el territorio del que Alejandro había sido nombrado faraón.

–Pero fue tu padre el que se convirtió en rey.

–El tuyo recibió, a cambio, muchas donaciones. Se convirtió en uno de los principales funcionarios del Estado.

–Pero no el primero.

–Cuando llegué a Alejandría con mi madre, recién comenzaba mi educación. Seguí los cursos de Filetas e intenté satisfacer a mi padre, pero mi corazón pronto palpitó por una muchacha de Alejandría. Era hermosa y dulce. Le gustaba la música y la poesía, tocaba como una diosa. La primera vez que la vi, parecía llevar sobre sus hombros toda la desgracia del mundo. Me dio pena.

»Intenté seducirla pero me evitó. Sus ojos me decían que sentía ternura por mí, tal vez más incluso, pero cuando me mostraba osado, ella ponía fin a la entrevista. Creí que era virgen y que su padre le prohibía tratar con los hombres; algo que era normal. Tenía ya derecho a salir acompañada por una sierva y era más de lo que podían hacer la mayoría de las mujeres de esta ciudad.

–Resulta difícil de creer hoy...

–Porque las costumbres han evolucionado. En realidad, supe después que esa mujer, a quien quería muchísimo, estaba casada con un hombre mucho mayor que ella.

Tolomeo se detuvo unos instantes en su narración como si el recuerdo fuera demasiado triste para él, luego prosiguió.

–La muchacha a quien yo amaba era la esposa de un hombre que podía ser su padre. ¡Y yo era un adolescente! Pronto supe que era desgraciada. Su esposo la maltrataba. El pensamiento de que le pegara se me hizo intolerable. Le supliqué que abandonara a aquel hombre. Encontró consuelo a mi lado y nos convertimos en amantes, olvidándonos de todos los peligros. Nos encontrábamos de noche, cuando su marido estaba acostado.

–¿En los aposentos de las mujeres?

–No. Su marido dormía en el primer piso y ella en la planta baja, al revés de lo acostumbrado. Pasamos así tres años juntos, amándonos. Pero un día la visité antes de lo habitual.

El rey respiró profundamente.

–Cuando llegué a las cercanías de la casa, escuché gritos espantosos y reconocí su voz. Corrí y vi un horrible espectáculo. Su hija y ella yacían en el suelo, ensangrentadas. Su marido, con un cuchillo en la mano, llamaba con voz terrible a su hijo para matarlo. Volcaba los cofres y derribaba las mesas con espantoso estruendo. Había matado ya a otro hijo, que yacía en una habitación contigua. Corrí entonces hacia mi carro y tomé mi cuchillo y mi látigo. Luchamos durante largo tiempo y lo maté.

El rey se interrumpió y, luego, declaró:

–Este hombre, Alexandros, era tu padre. Acababa de matar a tu madre, a tu hermana y a tu hermano. Aquel glorioso combatiente era también un monstruo, y había descubierto mi relación con tu madre.

Alexandros estaba aterrorizado.

–¿Qué prueba podéis darme de vuestra versión de los hechos? –preguntó por fin con emoción.

–Aquel día te busqué, sin encontrarte, y no podía demorarme más. Envié entonces al lugar a una sierva adicta a mi padre. Conocía mi relación con tu madre y te amaba. Me prometió actuar con honradez y encontrarte. Esta sierva, a la que manumití, es la que ha intentado últimamente salvarte y alejarte de Alejandría. No hacía más que cumplir mis órdenes, pues yo sabía que tu vida corría peligro. Conocía la existencia de los reconocimientos de deuda. Cuando comprobé que los habías encontrado, pensé que intentarías matar a quienes creías culpables: Apolonio, Zenodoto y Tusert. Tenía que impedírtelo a toda costa.

–Entonces me enviasteis a la que se hacía pasar por una vieja vidente.

–Sí, y no creí que fueras tan testarudo. Cuando comprendí que nada podría detener tu venganza, decidí anticiparme a tu gesto para evitar que te convirtieras en un asesino.

–¿Hicisteis matar a Tusert?

–Sí. Mi fiel Agnathos imaginó la estratagema para matar a Tusert. ¡Oh! Tusert no era digno de vivir. Era ambicioso y cruel con su familia y sus obreros.

–Pero ¿Neferet?

–Lo de Neferet fue un accidente. Apolonio creyó que habías matado a Tusert y mandó a uno de sus esclavos para eliminarte. El esclavo te siguió cuando saliste de tu casa, pero la leona que liberó no te atacó a ti. En cambio, se dirigió a Neferet...

–Y vos eliminasteis a Apolonio...

–Agnathos se encargó de ello. Era ya demasiado peligroso. Tenía por único objetivo matarte. Intentó que te condenaran a muerte. Como es evidente, te hice salir de la mazmorra en cuanto supe que te habían encarcelado.

–¿Y habríais matado a Zenodoto, vuestro preceptor?

–Sí, si hubiera sido necesario. Ésa es la razón por la que respondí a su llamada. Quería tener una discusión conmigo con respecto a su hija, y yo quería hablarle de sus intenciones para contigo. Yo he convocado a una bruja para que hechizara a Helena. Era el único medio de dominarlo. La vieja sirvienta le robó un anillo. Con un objeto que le perteneciera bastaba para que el hechizo fuera efectivo.

–Pero ¿por qué? ¿No es acaso mi historia también? Era suficiente con revelarme la verdad cuando llegué aquí.

–Respondí favorablemente a tu carta en la que solicitabas la hospitalidad del rey para estudiar en Alejandría porque deseaba conocerte. Luego, cuando descubrí que habías venido en busca de la verdad, me di cuenta de que había cometido un error y que nunca debías haber abandonado Macedonia.

–¡Qué interés sentís por el hijo de un hombre que mató a su mujer y a sus hijos!

El rey parecía ahora conmovido.

–No eres el hijo de Agathos. Eres mi hijo, el hijo de Tolomeo, hijo de Tolomeo Soter, faraón de Egipto. Yo me ocupo de que cuiden la tumba de tu madre, de tu hermana y de tu hermano. Los amaba. Tu padre tuvo una sepultura, pero no quise que viviera en el más allá junto a tu madre. Eres nuestro hijo y te protegeré mientras Ra acepte que sigamos viendo la luz del día. Luego, nuestras almas se reunirán por toda la eternidad.

Alexandros estaba atónito.

–También querría que fueses el nuevo dieceta de este país, para conocer mejor Egipto y el modo como se gobierna. Querría, en fin, que me acompañases ahora en mis giras de inspección.

–Padre –repitió Alexandros–. Vos sois mi padre...

–Sin duda alguna.

–Entonces, dejadme concebir que soy el hijo del rey. Dejad que os mire con los ojos de un hijo. Lo sabéis desde hace más de veinte años. Yo, en cambio, acabo de enterarme. Necesito tiempo para comprender y aceptar.

–Sí, hijo mío. Alexandros Agathos nunca existió salvo ante la ley. Eres mi hijo para siempre. Sabe que te quiero y que nunca te he olvidado, ni siquiera durante los largos años que pasaste lejos de mí. Los dioses nos abruman dándonos a nosotros, los hombres, la curiosidad. Cometí un error cuando quise saber en qué clase de hombre se había convertido mi hijo. Hoy no puedo lamentarlo, pues nos hemos reunido, y por fin conoces la verdad.

–Mejor es así –dijo simplemente Alexandros–. Tenía que ser así.

28

–Nada más fácil que curar a Helena –había dicho el rey–. Basta con romper el hechizo, y, para ello, necesitas un mechón de sus cabellos. Irás luego a buscar al exorcista cuyo nombre te indicaré. ¡No temas! Recobrará la salud.

Alexandros acudió a casa del médico, que seguía velando con la misma asiduidad y desesperación por su paciente.

–Ya no comprendo nada –le dijo–. Confieso mi impotencia. Helena no está peor, pero su salud no mejora. Letho ha acudido a casa de algunos hechiceros. Todos le han dicho que su hija ha sido embrujada, pero ninguno ha podido curarla. ¡Pobre niña! Temo que su alma parta hacia el más allá.

Alexandros no respondió a los lamentos del médico. Se limitó a sacar del bolsillo de su túnica el anillo que el rey le había dado.

–Con esta joya Helena se curará.

–¿Qué es?

–Un anillo que le pertenece.

Alexandros puso la joya en el dedo de la joven inconsciente y, luego, le pidió un cuchillo al médico, que vaciló.

–Tranquilizaos –le dijo Alexandros–. ¡No soy un asesino! Dadme un instrumento cortante. Necesito un mechón de sus cabellos.

El médico obedeció.

Una vez en posesión del precioso mechón, Alexandros acudió a la dirección que el rey le había indicado. El hechicero tenía su residencia en el barrio de Rhacotis, no lejos de donde vivía Khety. El brujo se limitó a tomar el dinero que Alexandros le tendía y a pronunciar algunas abstrusas fórmulas, tras haber colocado ante él el mechón de cabellos.

–¿Ya está curada? –le preguntó Alexandros cuando hubo terminado.

El hechicero movió la cabeza de arriba abajo y aguardó a que se marchara.

El macedonio no regresó a casa del médico para comprobar si Helena había en verdad sanado. Presentía que se había levantado y que estaba fuera de peligro. Se dirigió, en cambio, a casa de su tío, para contarle todo lo que había sabido en unas pocas horas.

–¿Qué te parece? –le preguntó Alexandros.

–Estoy asombrado, no conocía a mi hermano desde ese punto de vista. Cierto es que lo veía muy poco...

–¿Crees que la historia tiene sentido?

–Sí –repuso el anciano–. Todo es verosímil. El rey no mentiría. Es omnipotente y no tiene razón alguna para protegerse detrás de las mentiras.

–También yo pienso así.

–¿Qué vas a hacer?

–No lo sé. ¿Qué harías tú en mi lugar, tío?

Alexandros calló un momento.

–¡No importa! Eres mi tío y seguirás siéndolo, fueran cuales fuesen los acontecimientos. Te amo como a un padre.

–Piénsalo, hijo mío, pues tu destino depende de tu decisión. No quiero modificar su curso. Podrías tomar una dirección errónea, y me lo reprocharías toda tu vida, pero sólo deseo tu felicidad. Tómate tu tiempo; el rey esperará. Sopesa los pros y los contras. No olvides nunca, sin embargo, que debes dejar que tu corazón hable. Si no te sientes hecho para gobernar, si detestas el poder, no elijas dirigir este país sólo porque ser jefe es embriagador. Piensa en lo que puede llegar a ser tu vida, plagada de obligaciones políticas, sociales, económicas o militares. Piensa también que no tendrás ya tiempo para proseguir tu obra. Ser un hombre de poder o un erudito, ésa es tu elección.

Alexandros lo escuchaba sin decir palabra, dispuesto a

aceptar sus consejos como siempre lo había hecho, excepto cuando decidió embarcarse hacia Alejandría.

–Recuérdalo. Hiciste ya una elección, hace unos años. Habrías podido ser atleta olímpico. Preferiste las ciencias y la historia.

–Te prometo que actuaré según mis convicciones y que no me dejaré cegar por los honores, tío.

–Ve a descansar, entonces. Duerme profundamente. Mañana los dioses te mostrarán el camino a seguir.

Pasó una noche agitada, pero Alexandros despertó al día siguiente con la mente más clara que la víspera. Había tomado la única decisión posible.

Dobló su ropa y la guardó en una bolsa que se echó al hombro, y se quedó mirando largo rato por la ventana de su habitación el faro de Alejandría, que dominaba el gran puerto, frente al palacio donde le aguardaba el rey, su padre. Luego escribió una nota para Setnajt, agradeciéndole su hospitalidad, y la dejó muy a la vista sobre la mesa.

Bajó la escalera del inmueble sin darse la vuelta y partió con decididos pasos para reunirse con su tío.

–Algún barco habrá que zarpe hoy hacia Grecia –le dijo con un guiño.

El anciano se arrojó a sus brazos.

–¡Lo sabía! ¡Regresamos a Grecia! Estoy convencido de que has elegido bien, Alexandros.

–¿No hay acaso en Macedonia una casa que nos aguarda? No se lo digas nunca al rey, pero, por mi parte, prefiero estudiar en Pérgamo. Si me quedara aquí, mi padre intentaría cada día convencerme para que gobernara... Y la tentación es muy grande.

–¿Y la casa de Agathos?

–¡Que los años la conviertan en polvo! Sólo me queda recogerme ante la tumba de mi madre antes de partir.

El cementerio había perdido su aspecto de sombrío jardín misterioso, con sus tristes y simétricas avenidas.

–¡Es inútil! –gritó Alexandros al guarda que se disponía a cerrarle el paso cuando hubo llegado a la hilera de tumbas a las que dedicaba los mayores cuidados–. Soy el hijo del rey, tu dueño. Si osas ponerme la mano encima, te mato.

El guardia dio un paso atrás.

–Realizas tu trabajo lo mejor posible, pero esta tumba es la de mi madre y no permitiré que nadie se interponga en mi camino.

El guardia se volvió hacia una tumba atisbando una señal. La vieja sierva del rey salió de su escondrijo.

–Déjale hacer –profirió–. Ha dicho la verdad. Es hijo del rey y de esa mujer que murió.

El guardia se apartó enseguida.

–Otra vez aquí –dijo Alexandros a la vieja–. Creí que no volvería a verte.

–¿Lamentas mi presencia?

–¿Por qué robaste el anillo de Helena? ¿Acaso nos espiabas?

–Sólo cumplía las órdenes del soberano que me dio la libertad. Yo era esclava, no lo olvides. El rey me liberó y me permitió ocuparme de ti.

–Por fin me voy, ¿estás satisfecha?

La vieja lo miró, estupefacta.

–Sin lugar a dudas, Alexandros, me sorprenderás siempre. Cuando te amenazaba el peligro y te aconsejé abandonar el país, te obstinaste en quedarte. Ahora, cuando el rey quiere gobernar contigo, decides marcharte...

–¿Por qué mentiste y me hiciste creer que eras empleada de mis padres?

–No mentí, Alexandros. Por aquel entonces estaba al servicio del rey Tolomeo Soter y de su hijo. Cuando Tolomeo Filadelfos me pidió que me pusiera al servicio de Agathos, para velar por ti y por tu madre, acepté. Yo le contaba lo que ocurría en casa de Agathos.

–¿Y tras la muerte de mi madre?

–Regresé a palacio.

–Pero al rey Soter debió de extrañarle tu ausencia. Su hijo no podía revelarle su relación con mi madre...

–Por lo tanto, mentí. Le dije que regresaba a mi país. Cuando volví, me tomó de nuevo a su servicio enseguida.

La anciana se había acercado a Alexandros.

–¿Puedo abrazarte? –le preguntó con ternura–. Ya ves, me consideras una simple sierva, pero te tuve en mis brazos cuando eras niño. Te socorrí. Por supuesto, fui impotente para salvar a tu madre, pero sobreviviste. ¡Te amé tanto cuando naciste! Yo estaba presente. ¡Tu madre se sentía tan orgullosa de ti!

–¿Amaba al rey?

–Sí. Sin la menor duda.

Alexandros le tomó las manos.

–Ya no recuerdo tu rostro –le confió–, pero al escuchar tu voz y tus dulces palabras, me pareció reconocerte. Acunaste mi tierna infancia; recibe mi agradecimiento y todo mi afecto a cambio. Si no fueras libre hoy, sin duda te hubiera liberado. Si algún día deseas seguirme a Grecia, ven conmigo. No lo lamentarás.

La anciana lloró sobre su pecho.

–He tenido mucho miedo estos últimos días... Tu tío vino ayer aquí. Agnathos cuida la tumba. Él es quien huyó cuando tú te peleabas.

Se recogieron juntos ante la tumba, cubierta de flores todas las mañanas, y luego salieron del cementerio como si volvieran a la vida. Al final del camino, una silueta se recortaba a contraluz.

–¡Helena! –murmuró Alexandros.

La muchacha corrió hacia él.

–Sabía que estabas curada.

–Gracias a ti...

–O al destino.

–¡Vamos! No finjas modestia. Sé que vas a gobernar este país.

–Los rumores van muy deprisa.

–Más que en cualquier otra parte –dijo la anciana bajando la vista.

–Helena, me voy. Regreso a Grecia. Es mi país.

–Pero ¡Alejandría es una ciudad griega!

–No veo aquí mis bosques ni mis montañas.

–Quédate –suplicó Helena.

–No, Helena. He tomado una decisión.

Le acarició la mejilla.

–No soy un político. Necesito libertad para trabajar y reflexionar.

–¿Y yo? –dijo ella con timidez.

–Ven conmigo. Zarpo hoy con mi tío. No lamento nada.

–Pero ¿cómo puedo partir así? ¿Y mis padres? ¿Y la biblioteca?

–Elige, Helena, o puedes venir a reunirte conmigo más tarde.

–¡No puedo abandonarlo todo así, por una cabezonada!

Alexandros tomó su rostro entre las manos y la miró a los ojos.

–Mi tío te aconsejaría que eligieras de acuerdo con tu corazón.

–Mi corazón está contigo, pero mi vida está aquí. Sé que volverás a Alejandría, que añorarás Egipto, que querrás conocer mejor a tu padre.

–¿Quién lo dice?

–¡Yo, Helena!

–¡Que los dioses te protejan! –exclamó estrechándola en sus brazos mientras lanzaba una mirada cómplice a su vieja sirvienta–. ¡Que Serapis vele por vuestras almas!

Luego se puso de nuevo la bolsa al hombro y prosiguió camino del puerto, sin volverse hacia la propiedad donde su madre había muerto. Cuando llegó a la curva del camino que luego bajaba en suave pendiente a lo largo de la orilla, su corazón saltó de júbilo al oír unas sandalias que hollaban tras él el suelo.

–Voy contigo –le dijo Helena plantándose ante él–, pero, ¡por Zeus!, espérame. Voy contigo, pero, estoy segura, por todos los dioses que venero, de que volverás un día muy cercano para vivir con tu padre...

–Hoy me espera el que me educó. Es un anciano que lo sacrificó todo por mí y al que quiero como a un padre.

Título de la edición original: *Le secret du pharaon*
Traducción del francés: Manuel Serrat Crespo,
cedida por Ediciones B, S.A.
Diseño: Emil Tröger
Ilustración: Julio Vivas

Círculo de Lectores, S.A. (Sociedad Unipersonal)
Travessera de Gràcia, 47-49, 08021 Barcelona
www.circulolectores.com
1 3 5 7 9 8 9 1 0 8 6 4 2

Depósito legal: B. 35420-1998
Fotocomposición: gama, s.l., Barcelona
Impresión y encuadernación: Printer industria gráfica, s.a.
N. II, Cuatro caminos s/n, 08620 Sant Vicenç dels Horts
Barcelona, 1998. Impreso en España
ISBN 84-226-7247-2
N.° 37853